ПРОСВЕТА

BIBLIOTEKA *FEMINA*

Urednica
Radmila Lazić

Nada Popović Perišić

LITERATURA KAO ZAVOĐENJE

DRUGO IZDANJE

PROSVETA

PREDGOVOR DRUGOM IZDANJU

Kada mi je od strane Izdavačke kuće „Prosveta" predloženo objavljivanje drugog izdanja moje knjige „Literatura kao zavođenje", postavila sam sebi nekolika pitanja. Čemu ova knjiga posle 16 godina? Odnosno, da li se danas i kako čita jedna takva knjiga? U čemu se razlikuju vreme u kojem je bila objavljena i današnje vreme?

Vreme u kojem je knjiga nastala bilo je obeleženo prisustvom i značajem koje je imala teorija u Francuskoj, u kojoj sam studirala, a zatim i predavala. Tih godina u Francuskoj se nije više verovalo u nužnost književnosti. Revolucija je bila mnogo važnija. A jedino je teorija bila revolucionarna. Ako su se kritičari i bavili romanima, onda je to bilo da bi ih raščlanili, dekonstruisali, istakli njihov ideološki i ekonomski temelj ili buržoaska predubeđenja na kojima su počivali. Teorija je ta koja je pokušavala da odgovori na pitanja koja postavlja svet oko nas. Otuda u knjizi preovlađuje teorijski „žargon". No, ja sam nastojala da se poigravam tim žargonom i da pomoću njega gradim neku vrstu literature. Jer teorija literature je uvek, i u isti mah, teorija našeg odnosa prema literaturi. Upotreba određene terminologije nije trebalo da bude samo jedan od načina ili vrsta kritičkog i pragmatičkog instrumentarija, već pre pokušaj da se teorijski problemi, odnosno njihove mogućnosti iskazivanja, izvedu, artikulišu, dokazom književnog teksta. Istovremeno, pokušala sam da svakim novim tekstom u knjizi, uvođenjem Drugog u tekstualno tkanje, otvaranjem teksta ka Drugom/za Drugo koje bi bilo metafora za anarhizam, za podrugljivo podrivanje, vragolasto zavođenje, dovedem u pitanje i pojmove i kritičke prosedee : „to drugo“, žensko, trebalo je da ponudi drugačiji, obnovljeni smisao.

Tada me je u teoriji zaokupljivao prostor „izvan svesnog subjekta“. To interesovanje za drugojakost nužno me je odvelo interesovanju za „žensko“ kao „to drugo“, odnosno interesovanju za ženske studije. Pokazalo se da je svaki pokušaj da se drugojakosti obezbedi mesto unutar diskursa značio u isti mah uvođenje „žene“ u diskurs. Feminizam 70-ih bio je u Francuskoj pre eksplozija slobode nego pokret osporavanja, a tek kasnije, za mene i generaciju žena kojoj sam pripadala, i plodno teorijsko polje. On se kristalizovao oko tema tela i predstavljao je masovno okupljanje oko zahteva za kontrolom rađanja kroz kontracepciju i abortus, kao i zahteva za kažnjavanjem silovanja. Pitanje tela prethodilo je svim političkim pitanjima. Izmirenje sa institucijama znanja – univerzitetom, i institucijama moći – partijama uspostavlja se tek posle 1980-ih.

Vreme u kojem je nastala knjiga bilo je i vreme u kojem smo bili, tako se činilo, slobodni da glasno iskažemo želju, činilo se da se svet, pa time i literatura, može problematizovati uvođenjem pojmova žudnje, odnosno zavođenja. Delila sam uverenje zagovornica „ženskog pisma“ da umetnost, uvođenjem uživanja u polje društvenog, može da podriva značenja.

Žene moje generacije koje je vezivala ista vrsta studija, uglavnom utemeljena na francuskim teorijama strukturalizma i semiologije, bile su opčarane slobodom koja se otvarala pred nama: neograničeni prostor sagledavanja sebe i istraživanja vlastitog identiteta, neopterećenog zabranama, dozvoljavao je promišljanje tela i artikulisanje želje. Bilo je to vreme i zaljubljenog osvešćivanja i otkrivanja vlastitog nesvesnog, vreme revolucije simboličkog, preimenovanja etike, vreme u kome, kako bi rekao Rembo, žene oslobođene svog vekovnog sužanjstva, postaju prevodioci realnog, vesnici nemogućeg, pesnici. Ukidanje tabua tela i puti, sveprisutnost seksa, žudnje i užitka vodilo je poimanju i isticanju razlike kao osnovnog pitanja subverzivnog. Žensko, fluidno, smelo, neinhibirano, koje uživa u sebi, koje se otvara za Drugog, koje gaji ljubav za razliku, za vlastitu priču, trebalo je da bude to subverzivno. Današnjoj generaciji, pa i meni samoj, potreban je veliki napor memorije da dočara atmosferu 80-ih godina prošlog veka. Posle velikih pobeda 70-ih godina bile su dozvoljene sve vrste nade. Bilo je to vreme entuzijazma, pomalo i euforije. Dubrovnik, Pariz, Utreht, Centar za postdoktorske studije. Teorijske raspre, feminizam, traganje za „ženskim", „žensko pismo" kao pokret poput pokreta „novi roman". Izgledalo je da svet može da postane slobodan, a jednakost polova postavljala se kao krajnji kriterij istinske demokratije.

Međutim, pitanje koje se ne može izbeći, pa ni u jednom ovako kratkom predgovoru, jeste pitanje bilansa feminističkog pokreta za poslednjih 15 godina. U svojoj nameri feminizam je išao za tim da prouzrokuje duboke kulturne promene – promene u našem imaginarnom, ličnim i profesionalnim odnosima i javnom i privatnom ponašanju. No u svojoj realizaciji, ove promene su tek jedva vidljive i sporo se odvijaju: tek se naziru kao moguća alternativa našim sistemima vrednosti. Ukoliko se ostvare, one zadiru u same strukture kulturnih modela, društvene organizacije i odnosa u privatnom životu; alternativa koju zagovara feministička kritika sveta ne može se svesti na sučeljavanje dvaju kulturnih identiteta, od kojih jedan, ženski, želi da se nametne drugom, onom muškom. Naprotiv, kulturna revolucija koja je u osnovi njihovih zahteva, počiva na stvaranju novog sistema vrednosti koje bi podjednako usvojili muškarci i žene. Ove vrednosti ne označavaju fizičke ličnosti, muškarce ili žene, već načela, modele i strukture funkcionisanja društva, kriterijume suđenja i donošenja odluka, ponašanja ili delovanja koje uobičajeno imenujemo kao muške ili ženske.

Kako će ove vrednosti koje označavamo ženskim – zaštita života, moralna snaga, afektivna harizma, ravnoteža, intuitivna percepcija – delovati i izmeniti glavne živote naših društava, poimanje politike moći koja je proistekla iz vrednosti sveznajućeg i omnipotentnog autoriteta, poimanje i sliku muškarca koji je naslednik paternalizma i vojnih osvajanja, nosilac naučnog istraživanja kojim vlada kvantitativna racionalnost, ostaje tek da se vidi. Svi smo mi naslednici jedne patrijarhalne kulture, čijim kolektivnim imaginarnim dominiraju muški mitovi i u čijoj svakodnevnoj realnosti vladaju muškarci koji odlučuju.

Početak novog veka karakteriše ambivalentno vreme u kojem u isti mah opstaju i kolektivno i imaginarno i, u svakodnevnom ponašanju, prevaziđeni stari stereotipi i neprihvaćeni novi modeli. Feminizam kao da se iscrpeo. On je neosporno imao značajnu ulogu u poricanju i dovođenju u pitanje starog patrijarhalnog sistema, u kojem je dominirala muška prevlast i za koji se pretpostavljalo da je prirodan. No, feminizam nije ponudio konstruktivne odgovore na pitanje stvaranja novih predstava o ženskom identitetu, niti nove modele o odnosima između polova. I najzad, feminizam nije društvu ponudio novi sistem vrednosti i novu logiku funkcionisanja. Više se borio za kontrolu nad muškim vrednostima, no što je ponudio neku alternativu.

Pa ipak, promena zapadnog društva učinila je svačiju psihologiju krhkom. Improvizovati svoj život, pronalaziti vrednosti iz dana u dan suviše je uznemiravajuće. Otuda se ponovo artikuliše težnja za novim društvenim poretkom, u kojem bi glavni cilj bio novo definisanje jednačine muško/žensko. Neizvesnost svačije uloge u tom novom kontekstu navodi nas da idemo ka novom modelu. Mogao bi to da bude model u kojem će preovlađivati moralne snage afektivnosti, intuitivnosti, empirizma, solidarnosti, harmonije. Moralna snaga i afektivna i duhovna harizma zamenile bi vrednosti fizičke snage i materijalne moći, a ravnoteža bi imala prednost nad ratnim i osvajačkim ciljevima.

No, u čemu se razlikuje sadašnje vreme od vremena u kojem je bila objavljena ova knjiga, i šta se dogodilo posle toliko godina sa temama koje su me tada zaokupljale? Teorija je izgubila status koji je imala. Danas preovlađuje roman, odnosno biografija ili autobiografija. I ova knjiga je svojevrsna biografija jednog vremena u kojem su dominirali teorija i misao o Drugom. Diskurs o seksu je poprimio moralizatorske akcente. Zar ne prisustvujemo renesansi seksualnih stereotipa? Želja je pripitomljena, odomaćila se. Nije li libido kanalisan unutar braka? Ponovo se javlja mit o materinskom instinktu. I vraćanje na implicitnu definiciju žene preko materinstva. Upisivanje ženskog u našem društvu gradi se na granici represije i izražavanja želje, prevodi se u hibridan, histeričan jezik, jezik-siroče. Pribegavanje biologiji i anatomiji da bi se u isti mah rešilo filozofsko pitanje identiteta i političko pitanje odnosa polova označava povratak na naturalizam. Uz sve promene koje je doživeo status žene (jača, materijalno nezavisna, svoj gospodar, sa kontracepcijom i abortusom stekla moć bez presedana i označila kraj patrijarhata), žena na simboličkom planu i dalje deli status deteta. I zar nije i danas jedini naučni diskurs o seksualnosti psihoanalitički diskurs (od Frojda do Lakana), koji tvrdi da postoji jedan libido i da je on, po svojoj suštini, muški ili falički, iako je očigledno da u stvarnosti postoje dva pola. Zar ne tvrdimo da postoje dva pola, dok svi zakoni koji vladaju oko nas uzimaju u obzir samo jedan. Upravo je feministička kritika pokazala da su binarne opozicije opasne jer brišu složenost realnog u korist pojednostavljenih i ograničavajućih shema.

Izostavljanja i prećutkivanja nikada nisu neutralna. Demokratija počiva pre svega na ljubavi i poštovanju Drugog. Danas i dalje vlada logika Jednog. Drugo se poima kao Isto, kao moja projekcija, kao narcistička želja. Misao o razlici nije uspela da se oslobodi naše univerzalne težnje da razliku mislimo u znaku hijerarhije i nejednakosti. Razlika postaje negativna. Ideal je isto. U političkom pogledu želja za uniformizacijom individua predstavlja totalitarni fantazam. „Ništa gore od sna o društvu sličnih, oslobođenih konflikata sa razloga same te sličnosti" (Agačinski). Suština narcističke logike je da se samoposmatranje, indiferentnost za sve drugo: večiti adolescent, sterilan i histerično isključiv. Zato možda podsećanje na to što smo u jednom vremenu hteli i nije tako bezrazložno.

Danas je rasprava o „feminističkoj kritici" ili „ženskom pismu" završena, budući da je ono steklo status univerzitetskih proučavanja i da u svakoj većoj knjižari u svetu postoji poseban odeljak za „žensko pismo". Žensko pismo je dobilo mesto u istoriji književnih pokreta kao jedan od mnogih pokreta i danas je predmet teorijskih i istorijskih proučavanja.

U žiži raspri ili novog entizijazma teoretičara i kritičara danas su postkolonijalna književnost, multikulturalizam, orijentalizam ili studije kulture.

U knjizi književnih eseja *Stranačke obale*, Dž. M. Kuci, pišući o knjizi A. S. Biat, *Babel Tower* (*Vavilonska kula*) kao o romanu ideja, iznosi svoje čuđenje što se toliko pažnje poklanja opisu intelektualnih uzbuđenja iz sredine 60-ih godina prošlog veka (pariski strukturalizam), napominjući da je najveći deo materijala zastareo i da za njim postoji samo istorijsko interesovanje. To je možda upravo razlog koji me je opredelio za objavljivanje drugog izdanja ove knjige. Najbolji način da se jedna teorija uruši iznutra jeste upotreba njoj svojstvenih termina sa nejasnim, zamagljenim značenjem. Nečista upotreba termina vodi konfuziji i tupljenju oštrica, odnosno razblaživanju i na neki način devalvaciji značenja.

To se desilo sa upotrebom pojmova „žensko pismo", odnosno „feministička kritika". Naime, ovi pojmovi se najčešće vulgarizuju, i kad je reč o „ženskom pismu", koriste da označe sentimentalno ili u najboljem slučaju erotsko, kao sinonim za pisanje žena. Time se ozbiljna teorijska i ideološka nastojanja žena stvaralaca dovode u pitanje, odnosno ona se poništavaju. Termini su istorijske kategorije i zahtevaju tačnu upotrebu, kao i tačno situiranje u odgovarajući teorijski kontekst. U svetu, a i kod nas, knjižare su pune knjiga ispisanih ženskom rukom, a najprovokativnije knjige danas pišu žene. Zato možda nije na odmet prisetiti se tačnog značenja nekih termina. Ako ovo obnovljeno čitanje moje knjige doprinese tome bar malo, onda je ono opravdalo svoju svrhu.

TRAGANJE ZA IDENTITETOM
ILI
„NESTALNOST KAO NAVIKA"

... svaka kritika, svako iščitavanje, svako tumačenje nalazi svoje opravdanje u samom sebi: drugim rečima, ono se temelji na odnosu uživanja između onog ko interpretira i teksta.

Katrin Kleman, *Ogledalo subjekta*

LITERATURA KAO ZAVOĐENJE, LITERATURA KAO NEPRESTANO OBEĆANJE SMISLA, KAO NEODRŽANO OBEĆANJE

AVANTURA PISMA

BENVENIST
LAKAN

VITGENŠTAJN

Dominantna tema filozofije dvadesetog veka jeste jezik. Raspone ove filozofske zaokupljenosti najbolje pokazuju iskazi: „Konfiguracija jezika određuje sve semiotičke sisteme" i „Nesvesno je strukturirano kao jezik." Ovo okretanje jeziku kao privilegovanom instrumentu tumačenja sveta, „granice mog jezika su granice mog sveta", svojstveno našem vremenu, aktualizuje shvatanje da sheme jezika nalazimo u svim društvenim aktivnostima.

VALERI

Literatura ima poseban, povlašćen status u okviru semiotičkih aktivnosti. Jezik je njeno polazište i njeno ishodište. Dvostruki vid jezika – konkretna stvar i proizvod aktivnosti svesti – određuje apstraktnu konfiguraciju literature a u isti mah predstavlja njenu građu: literatura je posredovano i posredovanje ili, da radikalizujemo početni iskaz: „Literatura nije ništa drugo do neka vrsta proširenja i primene izvesnih svojstava jezika." Ova tvrdnja predstavljaće okosnicu za naše razumevanje jednog vida savremene literature koja se temelji na novoj upotrebi „književnog jezika".

DELO – ZNAČENJSKI TOTALITET

Pismo: ulazak,
prolazak,
izlazak, boravak
Drugog
u meni. Osećam
ga, on me
uznemirava,
razdire,
menja.
Jedan, jedna,
više.
Nepoznato
Drugo rađa u
meni želju
da ga upoznam.

Raj Filipa Solersa najbolje sažima moj odnos i moje shvatanje literature. Ovaj roman, ukoliko romanom i dalje nazivamo delo bez (vidljive) priče i bez (imenovanih) likova, predstavlja niz fragmenata, beskrajnih upotreba metonimija, ponavljanja. Čitava radnja romana iscrpljuje se u procesu naracije. Priča postaje žudnja za pričom, traganje.

Pismo: ljubav.
Ljubav koja se
odvažuje
na Drugog,
koja ga
hoće, želi,
treba.
Drugo se rađa
između
spoznaje i
invencije.
Ljubav Drugo
jeste ime
za pismo.

Događaj (anegdota u klasičnom smislu te reči) prebačen je iz običnog sveta (realnost, san ili fikcija) na plan kretanja reči koje fiksiraju taj svet. Izložene scene, san, uspomene ili fantazmi ne upućuju na bilo kakav fiktivni referent. Zakonitosti diskursa nisu ni hronološke prirode (pre/posle) ni zakonitosti narativne logike (veza jednog događaja s drugim). Svet postaje konstelacija, polje označenih a ne skup stvari.
Koju promenu u shvatanju prirode literature i jezika podrazumeva jedno ovakvo književno delo?

PISANJE KAO RE-VIZIJA

Roman devetnaestog veka kroz svoje likove i njihove intrige oličava totalizaciju značenjskog procesa kao što oličava i ideologiju koja je u njegovoj osnovi. Dvadeseti vek donosi bitnu promenu: ni subjekt, ni lik, ni bilo kakva lingvistička jedinica, diskurzivna ili retorička, ne mogu da obuhvate i kontrolišu beskrajnost značenjskog procesa. To je kraj totalizujuće priče i početak doba poetskog jezika. Tekst postaje laboratorija u kojoj se traga za prekoračenjima u jeziku, za uživanjem u procesu strukturacije, koje izmiče uređenim strukturama i koje scenu govora premešta ka nesvesnim slojevima. Cilj književne aktivnosti, ako je suditi prema graničnim delima naše literature, nije predstavljanje stvarnosti koja bi bila spoljašnja u odnosu na delo, niti izražavanje nekog intimnog iskustva, već otkrivanje mogućnosti pisma (écriture) kao rada u jeziku. Kako bi rekao Žan Rikardu, romaneskni poduhvat danas se manje definiše kao pismo jedne avanture a više kao avantura pisma. Ovo su moguća objašnjenja za činjenicu da je svet reči postao subjekt i objekt pisma: romaneskno delo se usmerava ka sebi samom, ka sopstvenim mogućnostima, ka mogućnostima koje mu nudi jezik. Zakoni koji vladaju književnim delom nisu zakoni percepcije ili događanja (radnja) već zakoni jezika ili, tačnije, zakoni pisma. Struktura dela daje oblik i smisao viziji realnog.

Ako razlika postoji, ona je u načinu trošenja, vrednovanja vlastitog, u načinu na koji se misli ne-isto.

BEZ ZABLUDE NEPOSREDNOG IZRAŽAVANJA

U uvodu u *Strukturalnu analizu priče,* Rolan Bart kaže: „Funkcija priče nije u predstavljanju, priča stvara prizor koji je enigmatičan ali koji nije mimetičke prirode. Priča nam ne omogućava da vidimo, ona ne imitira. [...] Strast koja nas može obuzeti pri čitanju jednog romana nije strast vizije (u stvari, mi ne 'vidimo' ništa), to je strast smisla. [...] Ono što se događa u priči ne pripada referencijalnom planu, realnom, to je sam jezik, avantura jezika čiji praznik neprestano slavimo." Naime, za razliku od svakodnevnog govora, književnost počinje na udaljenoj strani saznanja da znak i značenje nikad ne mogu da se podudare; ona predstavlja jedini oblik jezika koji ne sadrži zabludu neposrednog izražavanja.

„Kada, u *Ilijadi,* prvi put sretnemo Jelenu, piše Pol de Man, čini nam se da je ona simbol naratora koji istinski rat tka u tapiseriju fikcijskog objekta. Njena lepota postaje uzor za sve buduće priče koje ukazuju na sopstvenu fikcijsku prirodu."

> Svet pati od punoće. Punoće Doxe i Logosa. Klasičari, političari, psihoanalitičari poseduju sigurna oruđa: reči, funkcije, norme, kanone, upotrebe.

U svom sadašnjem naporu savremena literatura opredeljuje se za plan iskazivanja jedne prividno nekoherentne „nepostojeće" priče koja nema drugo mesto (drugi referent) do sopstveno iskazivanje. Sve donedavno književnost je pratila jedinstvena forma čitljivosti. Balzakovi romani ili Bodlerove pesme, Kamijevo delo podrazumevaju isti mehanizam čitanja, istu ideju smisla, istu praksu pripovedanja, jednom rečju – istu „gramatiku". Moderni tekst se javlja upravo kao napor, odnosno čin poricanja koji treba da uzdrma prirodno pravo starih tekstova na čitljivost i da dovede u pitanje pojmove (subjekt, realno, izraz, opis, priča, smisao) na kojima počiva njihovo čitanje. Ovo osporavanje literature ne povlači samo promenu načina pisanja, već i novu definiciju realnog, pisca i njihovog odnosa. Ono osporava jednu od upotreba književnog jezika i to onu predstavljačku.

SOLERS „Sve što je predstavljalo taj teret imaginarnog (teme, ponavljanje, fabulacija, scenario) postepeno je odstranjeno iz pisma, jer ukinuti priču znači prerasti fantazam: pisca (ili čitaoca, što je isto) treba zamisliti kao čoveka izgubljenog u galeriji ogledala: na mestu gde nedostaje njegova slika nalazi se izlaz, nalazi se svet."

Proces predstavljanja (representation) deo je našeg zapadnjačkog nastojanja da sve spoznamo i stoga se ne može odvojiti od vladavine govorećeg subjekta. U tom smislu o predstavljanju se može govoriti kao o vrsti nasilja starog koliko i sama zapadnjačka istorija.

Predstavljanje je uslov na kojem se temelji sama mogućnost mimesisa: mimesis se pak zasniva na dihotomiji prisustva i odsustva, i šire: na dihotomiji dijalektičkog mišljenja. Predstavljanje, mimesis i dijalektika su dakle neodvojivi. Otuda novi filozofi, u Francuskoj na primer, svesno ili nesvesno ponavljaju Ničeove reči. Za sve njih, da parafraziramo Rolana Barta, najerogenija zona tekstualnog tela jeste tamo gde postoji zev odeće, bilo da je ta odeća istorija, svet ili tekst. Sa zevom počinje sumnja i erotizacija teksta, kao i sveta, koji se više ne može svesti na ono što Čovek vidi ili kako ga predstavlja. I upravo u zevu spoznajnog sveta teksta značenje se pokazuje kao nešto što je u isti mah prisutno i odsutno, i što izmiče kontroli Aufhebunga.

Višeznačnost jeste odbijanje punog, bića. Mesto koje se otvara za igru. Rez, pukotina u zapadnjačkoj kulturi vernoj Parmenidu.

Moderna kritika distancirala se od pojma autora, njegovih intencija i istorijske tačnosti. Književno delo, u formulacijama jednoga Rolana Barta na primer, podrazumeva pojam kreativnosti: književni tekst jeste rezultat interakcije, on postoji jedino kao diskurs. Drugim rečima, iskustvo teksta moguće je jedino kao produkcija, kao kreativnost. Pošto je tekst rezultat dijaloškog procesa razmene između čitaoca i pisca, svako čitanje je jedinstveno, čime se i objašnjava inherentno pluralna priroda tekstualne kritike. Dok je klasično književno delo podrazumevalo autora čije se stanovište i intencije moraju poštovati, književni tekst je generator i predstavlja proces dekodiranja poruke. U procesu čitanja ispisuje se, simultano, i piščeva i čitaočeva subjektivnost. Otuda literatura za čitaoca nije predstavljanje iskustva već nešto što je iskustvene prirode.

Postmodernizam karakteriše određeni odnos prema govorećem subjektu, značenju, jeziku, pismu. Dovodi se u pitanje autor (njegova intencionalnost), narativnost nema više teološku vrednost, likovi su samo funkcije, slika shvaćena kao ikon teško je prepoznatljiva. Zadržimo se nešto više na pojmu autora odnosno „govorećeg subjekta". U delu više ne govori jedno „ja" već sam jezik, nesvesno, tekstualnost.

FUKO

„Navikli smo da mislimo da je autor toliko drugačiji od ostalih ljudi, i da je toliko iznad svih jezika da, čim otvori usta, značenja pohrle napolje plodeći se do u beskraj." Istina je sasvim drugačija: autor ne prethodi delu, on je određeno i funkcionalno načelo pomoću kojega se, u našoj kulturi, ograničava, odbacuje, odabira; ukratko, pomoću kojega se sprečava slobodno kretanje, slobodno rukovanje, slobodno sastavljanje, slobodno rastavljanje i ponovno sastavljanje fikcije. Zapravo, „ako smo navikli da autora predstavljamo kao genija, kao nepresušno vrelo invencije, to je zato što ga mi, u stvari, primoravamo da funkcioniše upravo na suprotan način. [...] Autor je stoga ideološka figura kojom se obeležava način na koji strahujemo od bujanja značenja. [...] Mislim da će uporedo sa promenom našeg društva, u samom času njegove promene, autor–funkcija iščeznuti i to tako da će fikcija i njeni polisemički tekstovi još jedared promeniti kalup po kojem funkcionišu ostajući i dalje u sistemu kočenja – sistemu koji više neće biti autor već nešto što će se morati odrediti, ili možda doživeti."

Na isti način o autoru govori i Rolan Bart:

„Mada je vladavina Autora još vrlo moćna, prirodno je da izvesni pisci već dugo nastoje da je uzdrmaju. Malarme je, bez sumnje, prvi sagledao i predvideo nužnost da jezik zameni onog koji je do sada smatran vlasnikom dela: za njega, kao i za nas, govori jezik, ne autor. [...] Celokupna Malarmeova poetika počiva na ukidanju autora u korist pisma. [...] Pravo mesto pisma jeste čitanje. [...] Rađanje čitaoca kao instance plaća se smrću Autora."

Či-talac, talac moje želje za Drugim, potvrda moje neobuzdane potrebe da ga uvedem u vlastitu igru. Dokaz da u meni uvek postoji Drugi.

Sve je veći broj dela koja se svojom namerom suprotstavljaju mitu a on, pak, s jedne strane, pretpostavlja, pre svakog dela, konzistentni subjekt, jedno „ja", ličnost koja postaje Otac i vlasnik proizvoda, dela, i, s druge strane, delo, odnosno robu. Vratimo se još jednom Solersu. Solers je pisac koji se bori protiv „fantoma jedinstva": ambivalentnom individualizacijom on se suprotstavlja svakoj stabilnoj slici ličnosti, manijačkoj ljudskoj potrebi za opštim definicijama. Kad je reč o njegovom romanu, izlišno je pitanje ko govori. Smatrajući da se „ko" ne može svesti na stabilno jedinstvo, Solers na sve načine dovodi u pitanje imaginarno telo tog imaginarnog središta. Ovakvo radikalno shvatanje polazi od stava da je književno delo značenjski totalitet. „Realnost" nije sistem već fluks pisama ulančanih do u beskraj, ono što bi Julija Kristeva nazvala intertekstualnošću. Filozofska posledica ovog stava glasila bi: svet je već davno ispisan. Opštiti sa svetom ne znači dovesti u vezu jedan subjekt i jedan objekt, stil i građu, viziju i činjenice; to znači proći kroz pisma od kojih je sačinjen svet kao kroz niz „citata", čije se poreklo ne može utvrditi niti kretanje zaustaviti. Pisac (scripteur) radi na nesvesnom funkcionisanju jezika.

BART

Već samo uvođenje pojma teksta, koji je trebalo da zameni istrošeni pojam dela, uzdrmalo je vladavinu Oca-autora u odnosu na kojeg je čitalac bio pasivan, podređena instanca. Jer pismo je, između ostalog, destrukcija svakog glasa, svakog porekla. Pismo je to neutralno, ta složenost, ta kosina kojom izmiče subjekt, crno–belo gde se gubi identitet, počev od identiteta samog tela koje piše.

GALOP

Ime Oca jeste moćan Lakanov pojam. Dok Frojdov edipovski Otac može da bude stvarni, biološki otac, Lakanovo Ime Oca deluje eksplicitno na registru jezika. Ime Oca: patronimik, patrijarhalni zakon jezika kao naše ispisivanje u patrijarhalnom. Ime Oca jeste čin pripisivanja očinstva zakonom; očinstvo se jezikom ne može opaziti, dokazati, znati sa sigurnošću: ono mora biti institucionalizovano.

Kad čitalac ne priznaje postojanje autora, koji poseduje intencije i garantuje značenje književnog dela. on dovodi u pitanje autoritet autora, a time i vlasništvo očinstva. Odbijajući da prihvati pravila književnog ugovora koji prednost daje autoru, čitalac postaje instanca nelojalnosti i nevernosti. „Nevernost je ženska praksa podrivanja Imena Oca."

Pismo uvodi pedagogiju praznog. U njemu čitamo sistem razlika, estetiku fragmenta bez nostalgije za totalitetom: pismo je ekonomija radosnog trošenja.

U istom smislu treba tumačiti i Blanšoove reči da ne postoji subjekt pisanja: postoji samo jezik. Pisac kontroliše svoj svet ali zapravo je sam kontrolisan, zarobljen, uhvaćen, posedovan u svojoj pasivnoj fascinaciji svetom i njegovim senkama. Pisac i čitalac postaju jedno. Pisac može jedino da pročitava sopstveno čitanje spajajući se tako sa čitaocem u, i kroz, impersonalnu svest jezika. Negativno „otuđenje" čoveka progresa postaje „pozitivna" začudnost pisca i alterniranje drugojakosti čitaoca (kao) pisca postaje specifična oznaka pisma. Blanšo piše:

„Odnos drugog i mene sama nije odnos između dva subjekta." Derida preuzima ovo zapažanje Morisa Blanšoa i ponavlja ga u bezbroj varijanti. Gde god postoji tradicionalni subjekt i njegovi atributi (prisustvo, celovitost), postoji i metafizika i njene falo-logocentrične predstave. Ponovna definicija drugojakosti uvođenjem i najavljivanjem kolapsa metafizičkih kategorija Istog i Drugog i bitke sa Ocem-autorom predstavljaju eksplicitnu topiku Deridinih stavova.

DERIDA

Da bismo ponovo otkrili drugojakost, moramo dekonstruisati klasičan pojam autora. Subjekt pisanja shvata se kao „sistem relacija između slojeva: psiha, društvo, svet". Derida na primer nastoji da kroz sva svoja čitanja – sa – drugim – pokaže da u svakom tekstu postoje u stvari „dva teksta, dve ruke, dve vizije, dva puta slušanja. Zajedno, simultano i odvojeno." Kao što je Autor samo jedna funkcija, tako čak ni potpis nije jemstvo autentičnosti. Za Deridu, vlastito očevo ime jeste jedna od prvih stvari koja ukazuje na nesvojstveno, neočekivano i tuđe Drugo. U tekstu „Potpis, događaj, kontekst" Derida pokazuje kako su stavovi o pisanju, kontekstu, autoru, izvoru, invenciji i komunikaciji, kako ih artikuliše Ostinova performativna lingvistika – niz metafizičkih klišea i opštih mesta. Kada Džon Sari (sin) pokušava da u tom sporu sa Deridom brani Ostina (oca), Derida, poigravajući se imenom, preobražava Searle u „anonimno društvo": SARL (Société anonyme a responsabilité limitée). Dakle, čak ni potpis nije jemstvo autentičnosti.

Dekonstrukcija samog početka kao temelja identiteta. Treba dovesti u pitanje načelo genetičkog rezonovanja i instituciju očinstva. Očinstvo: čin jezika.

Artikulacija smrti kartezijanskog subjekta, koja se u Francuskoj manifestuje kroz uvođenje pojmova „drugi" (Lakan), „diskurs" (Fuko), „pismo" (Derida), „„mahinacija" (Delez i Gvatari) predstavlja, na određeni način, vraćanje na „neutralno" i fascinaciju njime. Cvetan Todorov, na primer, raspravljajući o radu Blanšoa i Barta objašnjava čestu i eksplicitnu upotrebu pojma „neutre", kod oba autora, kao oznaku nastojanja koje bitno određuje modernizam. Todorov smatra da „jedinstvo i modernost" ta dva savremena pristupa literaturi leži u činjenici da nas oni navode da drugo vidimo kao nešto suštinski različito od istog, dakle kao drugo po sebi, u sebi samom, te time ovi pristupi otvaraju put eri generalizacije i njenoj eksteriorizaciji. Generalizacija drugojakosti podrazumeva „odsustvo sebe i prisustvo drugog". Po Todorovu, to nije slučajna odlika dva pristupa već upravo ona na osnovu koje najbolje čitamo karakteristike našega vremena.

Za Blanšoa, to „neutre" označava onu čudnu drugojakost pisanja. Fransoaz Kolen objašnjava ovu Blanšoovu upotrebu pojma „neutre" pozivajući se na „razliku". „Neutre" jeste razlika i literatura kao razlika jeste jezik neutralnog, ili neutralni jezik. Razlika nije različito upisano u opštem već ponavljanje i premeštanje Istog. Za Barta, to neutralno jeste takođe „jezik pisanja", „odsustvo ličnosti". Neutralno pisanje je belo pisanje, oslobođeno svakog književnog teatra, adamski jezik, prijatna nevažnost (praznina) – glatkoća – praznina – bez – šava – Proza (politička kategorija koju je opisao Mišle) – diskrecija – odsustvo slike...

> Figura anafore jeste dekonstrukcija očinske logike identiteta, obećanja metafore. Ponavljanje početka, ponavljanje ne-održanih obećanja. Vernost je jednaka prihvatanju kraja, smrti. Afirmacija života; ponavljanje ljubavnih obećanja.

Tekst je praksa označavanja. To znači da svako nastojanje da se artikuliše značenje ili teorijski promišlja o tekstu i samo postaje tekstualna praksa. Funkcija teksta jeste dramatizacija rada u jeziku. Otuda je teorija teksta kritična prema svakom metajeziku. Julija Kristeva, za čije se ime vezuje pojam semiologije kao kritike nauke, dovodi u pitanje diskurs nauke zahtevajući promenu samog pojma Nauke: i sam jezik nauke stavlja se u perspektivu jezika. Za razliku od Bartovog pojma signification, koji upućuje na jedno određeno, stabilno značenje, Kristeva uvodi pojam signifiance (koji se teško može prevesti na naš jezik) određujući ga kao sposobnost stvaranja mnogoznačnosti. Signifiance je „onaj čar, nepredvidivi blesak beskonačnosti jezika". Tekstualna analiza ističe preplitanje kodova, jezika, igru označitelja i dovodi u pitanje ideju o konačno označenom. „Delo se zaustavlja, ono se ne zatvara."

Sam komentar postaje tekst, čime se radikalno menja odnos čitaoca prema tekstu. Čitalac nije više neko ko tumači ili opisuje tekst već instanca koja je upisana u tekstu kroz njegovu igru označitelja. Tekst se ostvaruje tek kroz odnos čitaoca i autora. Instancu autora dopunjuje i zamenjuje instanca čitaoca. Čim govorim o nekom tekstu, ja stvaram novi tekst i time se upisujem u polje intertekstualnih mreža. „Tekstualno tkanje sabira se i predstavlja preplitanje triju pletenica: subjekta, označitelja i Drugog. Jeziku se vraća njegova aktivna energija; on postaje erotičan. Praksa tekstualnog pisanja odnosno označiteljska praksa sastoji se u prihvatanju određenih postupaka koji obezbeđuju pluralnost analize: anagramatska izobličavanja jezika, igre rečima, polisemija dijaloškog pisanja ili 'écriture blanché', koja osujećuje i vara konotacije. [...]

BART Kritičar na sebe preuzima obavezu da ukaže na heteronomiju? Kako? Prisustvom iskazivanja u iskazu, uvođenjem instance subjekta, govoreći u svoje ime drugom, uvodeći želju. [...] 'Jasnoća [...] to je čitava želja koja je u pismu.' [...] Preći sa čitanja na kritiku znači promeniti želju, znači ne želeti više delo već sopstveni jezik."

Dopasti se: ne ubeđivati, niti dokazivati: zavesti, navesti Drugog da vas voli. Sve knjige samo su fragmenti ljubavnog diskursa.

U tekstu „Polylogue" Julija Kristeva čita Solersov roman *H.* U jednom trenutku gotovo je nemoguće razdvojiti iskaze Kristeve od iskaza Solersa. „Nikad jedno bez drugoga." Reč je o lepom, uzbudljivom razgovoru, o novoj ljubavi, heteroseksualnom braku gde je prelazak na taj brak sam brak. Nova ljubav, heteroseksualna ljubav, koja nije „mitsko spajanje" i koja se nudi kao tekst što naizmenično navodi (tuđi tekst – tekst Drugog) i komentariše, upražnjava novi tekst i kritikuje. Reč je o poetskoj odbrani ljubavi, a ona podrazumeva ljubav prema tekstu.

BART Postoji želja između jezika i pisma ali i želja između pisma i kritičarevog znanja (savoir critique). Želja je otkrivač (éteros) – vid erosa. Reč je o čitanju kao tekstualnoj praksi, u kojem želja čitajućeg subjekta postaje pojmovni oslonac: njegovi nagoni, njegova seksualnost, njegova pažnja usmerena na fonematsku mrežu, ritam rečenice, semanteme koje ukazuju na senzacije, zadovoljstvo, smeh.

Zavoditi znači stvarati „srećan jezik".
Sreća je „višak govora".

Tekst postaje predmet zadovoljstva, uživanja. U tekstu se otkriva drugi, svoj drugi. Spoznaja literature podrazumeva ljubavni odnos sa jezikom, stalno dovođenje u pitanje simboličkog i subjekta.

Literatura je – govorim o jednom utopijskom, odnosno subverzivnom pojmu literature, zato ju je bolje nazvati pismom, kako to uostalom i čine zagovornici ovakvog njenog shvatanja – prostor zavođenja. A da bi se zaveo Drugi, potrebna je avantura: avantura subjekta, njegovo poništavanje, njegovo prevazilaženje. Rad pisanja uključuje istraživanje sebe podjednako kao i istraživanje objekta što ga stvara jezik. Rad u pismu (u jeziku) na koji mislim ne sastoji se u poboljšanju komunikacije, niti u njenom razaranju, već u tome da komunikacija postane gotovo filigranska. Nije više samo smisao unutar jednoga koda pluralan (mnogoznačan) već je sam skup jezika (kao „lebdeće hijerarhije kodova", logika) pluralan. Otuda značaj pojmova kao što su paragrami, plagijati, intertekstualnost, „lažna" čitljivost.

Ljubav pismo: pismo nije samo način da se govori već i način da se govori sebi, da sama govorim. Ako je ljubav solilokvij, Drugi je odsutan, u suštini nem. Pisati: uvesti Drugog u svoju jezičku igru. Obmotavati rečima... telom... diskurs se lepi za kožu.

Pismo je izmicanje svakoj solidnosti. Okean je dobra metafora za pisanje: činjenica, da ponovimo Lakanove reči, da „ništa nije sve". Okean se ne može obuhvatiti: treba „više puta kružiti pogledom", da bi se „načinio krug", i uvek samo fragmentarno.

Smisao se ne sme napasti direktno, tvrđenjem suprotnog. Treba varati, krasti, nijansirati (u dva smisla: pročistiti i poništiti svojstvo): u krajnjoj liniji, parodirati, odnosno – simulirati. Otuda značaj pojmova kao što su paragrami, plagijati, intertekstualnost.

Nema kritičkog metoda koji bi bio nezavisan od jedne opštije filozofije. Otuda je nemoguće govoriti o literaturi a da se ne pozovemo na određenu psihologiju, estetiku ili moral. Kritika je nužno parazit jedne mnogo šire ideologije. Stoga ću otkriti „ideologiju" na kojoj se moje razmišljanje temelji. U ovoj knjizi postoji jedno jedinstveno stanovište, ono koje podrazumeva da je funkcija teksta da dramatizuje rad u jeziku, da ne postoji tumačenje ili opisivanje teksta već pokušaj da se uđe u igru označitelja: da komentar postaje tekst. Stanovište koje čita želju u/i kroz pismo, koje traži mesto upisivanja mene/Drugog u tekst, i najzad, koje odbacuje status metajezika pokušaju da se literatura spozna.

Književnokritički kontekst koji će me zanimati jeste kontekst u kojem se pismo određuje kao zavođenje: zavođenje kao temeljna namera i pokretač stvaralaštva: telo kao

Pismo: retorika zavođenja: naukovanje kao ljubav: naukovanje o želji koja želi da ostvari teoriju želje, koja komunicira želju za teorijom.

Pismo je neprestana aktivnost erosa. Tekst, novi ljubavnik, novi Dionisije, poziva na ljubav, rađajući se i trošeći u isti mah.

Zadovoljstvo igre: zadovoljstvo u uživanju. Pismo je prostor omeđen zadovoljstvom i željom za jezikom. Pismo ne želi samo da kaže već i da učini, da rodi uživanje. Odnos sa Drugim jeste odnos podsticanja i izazova. Pismo je praksa koja zaranja u tajne nerava da bi rekla život, da bi rekla uživanje.

motivacija i načelo strukturacije teksta.

Pojam zavođenja izabrala sam da bih opravdala jedinstvo prisutnih eseja. Taj pojam, u teorijskom smislu, nije dovoljno jasan ali je, što se mene tiče, „operativan". On objašnjava privlačnost koju osećam prema nekim autorima pre nego prema drugim. Taj pojam mi omogućava istu perspektivu istraživanja. Bez obzira na njihove „jezike" i „namere", označava istu poziciju pesnika u odnosu na temeljnu intenciju čina pisanja. Kad ovo tvrdim, imam na umu Lakanovu ideju da je odnos želje temeljno odnos s Drugim.

Tekst se misli kao prostor u kojem se rađa i ispisuje to Drugo, kao mesto na kojem probija i govori Drugo.

Ali, kako čuti taj glas Drugog koji, da se poigramo Blanšoovom slikom, govoru literature poverava čas „tvrdoglavost i

opreznost Odiseja", nje-
govo lukavstvo, čas nje-
govoj pesmi „istinu i
dubinu pesme Sirena".

Zadatak teorijskog diskursa danas jeste da
ukaže na subverzivnost jezika i da spozna
tu funkciju poetskog jezika – funkciju raz-
bijanja svih prinuda. Jedan takav zadatak
zahteva transformaciju čitavog kritičkog i
tradicionalnog pojmovnog aparata jer me-
tode klasičnog mišljenja prednost u zna-
čenjskim praksama daju momentu statič-
nosti, ne momentu krize. Nema društvenih
transformacija ako one nisu transformaci-
je subjekta, to jest njegovog odnosa prema
društvenoj stegi, uživanju i, još dublje, je-
ziku. Revolucionarna praksa može biti sa-
mo jedna polifona praksa, aktivnost plu-
ralnog tipa. Ravnopravno sadejstvo više
instanci. Jezik koji dovodi u pitanje
„objektivnu" impersonalnu poziciju do-
minantnog diskursa. Oznaka „impersonal-
nosti" samo prikriva preferenciju za suho
analitičko „koherentno". Takav jezik teži
da vlada pokušavajući da iskaže „umije-
će" nad svojim subjektom. Otvoriti tekst,
izložiti sistem njegovog čitanja nije samo
zahtev i pokazivanje da se može interpre-
tirati slobodno; to je mnogo radikalnije
priznanje: ne postoji objektivna ili subjek-
tivna istina čitanja, postoji samo jedna lu-
dička istina. Čitati znači pustiti u rad svo-
je telo (još od psihoanalize znamo da telo

33

umnogome prevazilazi našu memoriju i našu svest) na poziv znakova teksta, jezika, koji presecaju tekst i grade njegovu gustinu.

Krizu sadašnje civilizacije dugujemo umnožavanju relacija moći u svetu. Otuda uvođenje pojmova želje i zavođenja u razmatranje književne stvari nije ni tako „skandalozan" ni tako „bezrazložan" postupak, kako bi to moglo da se učini na prvi pogled. Sve više mi se čini da je upravo to jedan od onih retkih pojmova kojim počinje problematizacija literature i sveta. Da to bolje objasnim pozvaću se na interpretaciju Rejmona Žana.

Govoreći o želji koja, uprkos mnogobrojnim preprekama, gura Adolfa Eleonori, Todorov tvrdi da ta želja nije samo tema Konstanove priče već i duboka logika njegovog teksta: „Sada možemo bez teškoća istaći duboki odnos između govora i želje. Jedno i drugo dovode u pitanje tradicionalnu logiku, koja teži da zamisli predmete po sebi, nezavisno od njihovih odnosa sa onim zbog koga postoje. I jedno i drugo završavaju ćorsokakom: ćorsokak komunikacije i sreće. Reči su za stvari ono što je želja za predmet želje."

Rejmon Žan tačno primećuje da poslednji iskaz veoma dobro ukazuje na princip koji je u osnovi svakog teksta: tekst se konstituiše počev od odsustva, od praznine koju treba da ispuni pismo. Ako je želja

STAROBINSKI potreba koja nameće svoje ispoljavanje, onda je jasno da nju pokreće jezik da bi dosegao predmet koji postoji tek kroz to odsustvo. „Treba u delu dešifrovati specifičnu prirodu želje, koja nastoji da samu sebe dosegne i da se potvrdi rađajući delo."

Ako želje postajemo svesni tek kao traga jednog odsustva i ako njeno prisustvo uočavamo u predstavama koje je zamenjuju i ističu, u isti mah, njen nedostatak, onda je želja iste prirode kao pismo – *tekst je želja želje*. Razmatrajući probijanje erosa u same figure jezika Starobinski podseća da lukavstva izraza, koja Frojd pripisuje potisnutoj želji, odgovaraju, na frapantan način, stilističkim figurama i tropima klasične retorike.

Pitanje „kako tekst govori želju" Drugog prema Drugom nema smisla ako se ne upotpuni pitanjem „kako je unutar samog teksta dovedeno u pitanje ili istaknuto Drugo. Moje čitanje biće traganje za Drugim, njegovo upisivanje kroz beskrajnost tekstualnog tkanja, razbijanje razloga na kojima se temelji potiskivanje i osporavanje prave prirode (Druge) literature odnosno pisma.

Tekst prati spiralno kretanje. Smisao se vraća ali uvek na drugom mestu, šireći se poput ovojaka spirale: uvek iznova širi, i na drugom mestu.

35

Modusi potiskivanja prave prirode literature vezuju se za opsednutost identitetom i pojmom referenta – koncepciju o transparentnom jeziku u kojem vlada jednoznačan smisao: kojim se da vladati i koji se da objasniti: gde svaka reč „predstavlja" jednu stvar, gde svako označavajuće upućuje na adekvatan referent. Na kritičkoj, kao i na književnoj sceni reč je o istom nastojanju da se kontroliše i ovlada smislom. Jer realno kao Drugi ne da se predstaviti, ostaje uvek eks-centrično i izmiče ogledalnom odnosu vizije.

FELMAN

Retoričko zavođenje u literaturi rezimira se u iskazu „ja obećavam" i stoji nasuprot diskursu ostalih nauka, čiji smisao leži u zahtevu „treba reći istinu". Dijalog literature i nauke jeste dijalog dva plana koji zapravo ne komuniciraju: plan delovanja (čin) i plan smisla, registar uživanja i registar spoznaje.

Šta znači govoriti o zavođenju? Intelektualnim jezikom danas vladaju moralizatorski imperativi koji su potpuno ubili svaki pojam uživanja. Hrišćanski moral, pozitivistički, racionalistički moral i marksistička etika neopravdano su potisnuli uživanje. Uvodeći ovaj pojam u svoje lično polje hoću da se oduprem tiraniji Logosa, da se iskušam u iskustvu trošenja. Reč je o nastojanju da se izbegnu definicije i da se prodre iza vladavine Logosa. Iz konteksta takvog jednog napora načelo strukturacije i motivacije pisanja postaje stav da jezik prebiva u blizini tela. Iskaz „jezik tela" i njegovo transponovanje na području poetskog deo je shvatanja jezika kao jedinog proboja do nesvesnog, do potisnutog koje će, oslobođeno, potresti ustanovljeni simbolički poredak i ono što bi Lakan imenovao Zakonom Oca.

Jedan od načina da se izigra Slika, to jest da se korumpiraju jezici, rečnici, jeste uvođenje uživanja u razmatranje o književnoj stvari. Dokaz da smo u tome uspeli jeste da se izazove gnušanje, neodobravanje čistunaca, specijalista. Reč je o dvostrukoj taktici. Kako bi rekao Bart, protiv Doxe se treba izjašnjavati u ime smisla, jer je smisao proizvod Istorije a ne Prirode; protiv Nauke, pak, treba se opredeliti za utopiju ukinutog smisla. Opredeliti se za pluralizam, suptilnost ne samo opozicija u čitanju sveta i subjekta, već za poplavu, bujicu, prodiranje, bekstvo, klizanje, premeštanje i iskliznuće smisla. Navodeći druga pisma, reči Drugog, pristajem da ih izobličim, puštam da klizi smisao reči...

Gde se Ja vezuje za uživanje? U erotskom pisanju. Tekst je prostor zavođenja i prema tome treba postaviti pitanje zavođenja dok se piše. Nekada je uglavnom retorika bila umetnost zavođenja. Danas to više nije dovoljno.

Šta je zavođenje teksta, kako ga zamisliti, kako ga pojmiti? Tu se ovaj problem susreće sa erotikom teksta. Reč je o tekstu koji odista nastoji da u sebi ispiše telo, da se spoji sa željom čitaoca i da uspostavi neku vrstu ljubavnog odnosa između tela koja ne odgovaraju građanskim i moralnim ličnostima već figurama, razgrađenim subjektima. Erotika pisma koje se ispisuje kroz ukus reči, ukus rečenice... Dopasti se: ne samo ubediti ili pokazati, već zavesti, učiniti da vas zavole. U tom smislu sve su knjige fragmenti ljubavnog diskursa. Telo je energetska sredina, ljubavna atmosfera, uvođenje drugog u naše polje.

Čudna je sudbina zavođenja. Žan Bodrijar, koji je pisao o zavođenju, tvrdi da sve ortodoksne teorije zavođenje vezuju za pojam Zla i za natprirodno: „zavođenje je crna magija odvraćanja od svih istina, urota znakova, egzaltacija znakova u njihovoj zlokobnoj upotrebi". Svaki diskurs biva ugrožen tom iznenadnom reverzibilnošću ili apsorpcijom sopstvenih znakova bez ikakvog traga smisla. Zavođenje ne pripada planu prirodnog već planu natprirodnog, ne pripada planu energije već planu znaka i rituala. Otuda su ga svi veliki sistemi produkcije i interpretacije, sve discipline čiji je aksiom koherentnost i svrhovitost njihovih diskursa, isključivali iz svog pojmovnog polja, i srećom po njega, jer je ono spolja nastavilo da ih saleće i ugrožava podrivajući ih.

Zavođenje je govor o Drugom. Ja čitam Drugog i čitam se u drugom i Drugi me čita i čita se u meni. Pismo je prostor zavođenja Drugog, njegovog upisivanja u Istom u i kroz tekstualnu igru. U ljubavi i u pisanju Ja je Drugi.

38

Želja ove knjige je da se od tog „spornog mesta„ Drugog napravi teorija. Da se, zahvaljujući uvođenju Drugog u tekstualno tkanje, otvaranjem teksta ka Drugom / za Drugo, koje bi bilo metafora za svaki anarhizam, odupremo vladavini univerzalnih načela i rigidnih tradicija kao posledice zagušivanja „zakonom Razuma". „Zavođenje je jače od moći jer je reverzibilan i smrtan proces, dok se moć izdaje za reverzibilan proces, kumulativan i besmrtan poput vrednosti. [...] Zavođenje ne pripada planu sile niti odnosima sile. Ali upravo zato ono obuhvata čitav realni proces moći, kao i čitav poredak realne produkcije." Naime, sa zavođenjem nastaje jedan univerzum koji se ne interpretira pojmovima potiskivanja ili nesvesnog već pojmovima igre, izazova, dvojnih relacija i strategija privida. Zavođenje kida distinktivnu seksualizaciju tela i razara falusnu ekonomiju koja iz nje proizlazi. Zavođenje je inteligentnije: njegova suština leži u preokretanju svake pretpostavljene dubine realnog, svake psihologije, svake anatomije, svake istine, svake moći. Ono zna da ne postoji anatomija, da ne postoji psihologija, da su svi znaci reverzibilni.

U onoj meri u kojoj se pitamo šta je literatura, ona se umnožava, „rasprskava" u pitanjima koja joj postavljamo. U logici tog iskustva je da se teorija literature definiše kao „umetnost postavljanja pitanja". Teorija literature je uvek, i u isti mah, teorija našeg odnosa prema literaturi. Upotreba određene terminologije nije samo jedan od na-

BODRIJAR

čina ili vrsta kritičkog i pragmatičkog instrumentarija već i način da se teorijski problemi, odnosno njihove mogućnosti iskazivanja izvedu, artikulišu dokazom književnog teksta. Svaki tekst u isti mah stavlja u pitanje i pojmove i kritičke instrumente, da bi im na kraju ponudio drugačiji, obnovljeni smisao. Bart je govorio da je neologizam erotski čin, da je invencija erotske prirode. U posebnom slučaju književnog jezika (ili filozofskog), uvođenje novih reči ili pomeranje značenja može da odgovara, izvan očevidnih teorijskih motivacija, potrebi (želji) da jezik kaže više i drugačije no što on to hoće i može da kaže. Otuda živo zadovoljstvo vezano za praksu čitanja pomoću koje tekstovi izmiču metajeziku otvarajući se, svaki put, za drugačije čitanje, svaki put iznova interpretirajući teorijske instrumente, i iritacija onih koji je ne dele, koji ne učestvuju u operacijama jezika, u stvaranju i razgrađivanju smisla.

Kada je reč o zavođenju, suočavamo se sa paradoksom. Dok se, s jedne strane, hvale iskustva poput onih jednog Artoa ili Sada, dotle se, s druge strane, zavođenju osporava značaj, uticaj, vrednost njegovih strategija: prigušeno zavođenje se povlači ka literaturi kao jedinom načinu putem kojega se u istoriji zavođenje iskazivalo i govorilo u sopstveno ime i uz relativnu slobodu. Potiskuje se i osporava i sama literatura.

Moja je namera da ispitujem taj odnos: da pokušam da ustanovim da li se zavođenje

i književna stvar mogu uzajamno osvetlja-
vati, govoriti nam jedno o drugom govo-
reći jedno pomoću drugoga.

To što predlažem da se književno polje
otvori pred pitanjem zavođenja i njegovim
implikacijama za filozofiju, psihoanalizu,
sociologiju i lingvistiku jeste zato što ću
pokušati da ponovo, na drugi način, preis-
pitam specifičnost tako ostvarenog književ-
nog polja. Polazeći od otvaranja prema za-
vođenju, odnosno od obnove relevantnosti
postavljanja teorijskog pitanja o zavođenju
u savremenom kulturnom polju, ova knjiga
nastoji da, osluškujući i prateći strategiju
zavođenja u književnosti, istraži moduse či-
tanja i poimanja književne stvari. Govoriti
o zavođenju znači provući kroz jezik za-
čudnost drugog (jezika, pisma, tela): u jezi-
ku uzdrmati lingvistička rešenja tako da
probije sloboda govora. Tekst uvek sadrži
smisao, ali na neki način on sadrži vraćanje
smisla. Smisao dolazi, odlazi, prelazi na
drugi nivo: ovo kretanje smisla gotovo da
se poklapa sa ničeovskom slikom, slikom
večnog vraćanja – večno vraćanje smisla.
Smisao se vraća ali kao razlika, ne kao
identitet. Uvek na drugom mestu. Upraž-
njavati pismo znači upražnjavati nad svo-
jim životom otvaranje zahvaljujući kojem
život postaje tekst. Preuzeti stanovište
„teksta" znači odustati od konsekvenci ko-
je nose sudovi vrednosti, subvertirati uspo-
stavljanje klasifikacije (odvajanje žanrova,
distinkcije između umetnosti).

FELMAN Ako treba znati sa kog mesta govorim, reći ću da se ova knjiga iskazuje sa jednog pluralnog mesta i iz jedne dijaloške perspektive, sa mesta konfrontacije domena. „No moja pozicija iskazivanja nije udobna pozicija: kulturna situacija koju ona podrazumeva jeste konflikt kodova, dinamika, inter-akcija koja premešta pitanja, koja ih čini eks-centričnim."

FELMAN U onom smislu u kojem je za Pirsa „konzervativizam" „strah od posledica" dok se „radikalizam" definiše pomoću želje da se „konsekvence razviju do njihovih krajnjih granica", ovde je reč o radikalizaciji teorije pisma. Reč je o nastojanju da se na specifičan način traga za neobičnim (insolite) momentom teorije: „logika i instrumenti logike koriste se s ciljem da se pronađe aporetijski momenat u kojem logika izmiče: taj neobični momenat jeste ono što teoriji omogućava njen hod ali i njen neuspeh": to je onaj subverzivni momenat njene sopstvene strogosti, onaj trenutak izmicanja poimanja, zahvaljujući čemu i funkcioniše književna stvar.

Kod Kirkegora, u *Dnevniku zavodnika,* zavođenje ima oblik enigme koju treba rešiti. Devojka je enigma i on, da bi je zaveo, mora da za nju postane enigma: reč je uvek i iznova o jednom enigmatičnom izazovu: zavođenje je rešenje enigme ali tajna nije otkrivena. Tekst je upravo ta vrsta enigme koju rađa zavođenje.

Tačno je da je telo izvor i referent svih znakova a da samo kao takvo nije znak, jer ne stoji na mestu nečega drugog. Na sopstvenom mestu ono je neprestano tkanje naracije. Na početku, ako se tako može govoriti, postoji priča. Ne Logos već metafizička priča. Ako je svaka priča diskurs artikulisan telima, telo se živi kao virtuelnost priče. Svako telo je konačno, poput onog Don Kihotovog: s jedne je strane neophodno pozivanje na Servantesovu priču koja ga artikuliše, s druge, živo podsećanje na viteške knjige koje jednostavno ime Alonso Guijaho preobražava u tkanje akcije, strasti i avanture.

Najbolja metafora za naše shvatanje teksta bila bi Alisa. Alisa se zapravo ne može definisati jer je njen oblik promenljiv. „Grickajući komadiće pečurke čiji joj jedan kraj omogućava da se smanji a drugi da poraste, ona dostiže zadovoljavajuće proporcije i obezbeđuje sebi, odnosno čuva, izvesnu koherentnost forme." Reč je o postupku geometrijske transformacije. No nama se postavlja pitanje: da li je lik koji Alisa postiže uvek isti ili je svaki put reč o različitim likovima. Dakle: da li prelazak sa vlastitog na figurativni smisao (plan) deformiše označeno i označavajuće ili ga verno reprodukuje putem različitih pojmova. Da li kritika (odnosno čitanje) ubija pitanje teksta i tekst kao pitanje brišući ekscentričnost, „normalizuje ga" tako što iz njega odstranjuje sve što je zebnja, skandal, ludilo, nasilje? Otuda i pitanje kako čitati, kako „kritikovati", kako „umovati" bez namere da „lečimo" tekst od njegove uznemirujuće neobičnosti. Kako stvoriti smisao a ne ubiti tekst?

Da bolje objasnim kako vidim mogućnost jedne definicije literature i njene prave prirode, pozvaću se na analizu Molijerovog *Don Žuana* iz pera Šošane Felman. Šošana Felman delo *Don Žuan* pokušava da protumači kao problem zavođenja i neodržanih obećanja. Po njoj, *Don Žuan* je mit o skandalu neodržanih obećanja, mit o kršenju obećanja datih ženama, zapravo – kršenje obećanja braka. Don Žuan neprestano obećava ali ta obećanja ne održava. On, dakle, zloupotrebljava instituciju obećanja. No, šta, po Šošani Felman, znači zloupotreba obećanja? Konflikt koji suprotstavlja Don Žuana i njegove progonitelje počiva na suprotstavljanju dveju koncepcija jezika. Prema prvoj, kognitivnoj koncepciji, koncepciji koju neguju žrtve Don Žuana, jezik je instrument prenošenja istine, to jest – instrument znanja, spoznaje realnog. Istina je odnos adekvatnosti između iskaza i referenta, odnosno opštije, između jezika i realnosti koju ovaj imenuje/označava. Don Žuan ne deli tu koncepciju jezika. Reći, za njega ne znači znati, ili poznavati, već činiti. Delovati na sagovornika znači menjati situaciju i odnose snaga. Za njega je jezik polje uživanja a ne polje spoznaje. Kao takav, jezik nije istinit ili lažan već se vezuje za pojam sreće ili nesreće, uspeha ili neuspeha.

Ako ovo tumačenje prenesemo na naš plan razmišljanja, mogli bismo reći da je pravi donžuanovski problem literature odnos erotike i lingvistike, uvek skandalozna intervencija ljubavi u teoriji, uživanja u spoznaji. Literatura, poput Don Žuana, obećava, obećava smisao, ali svoje obećanje ne održava. „Poput lingvistike, literatura veruje u smisao; poput filozofije, ona dovodi u pitanje sopstveno verovanje. Literatura je sama nemogućnost izbora." Nemogućnost da se održi obećanje smisla, svesti, nemogućnost da se i dalje gradi smisao, da se u njega veruje. Razarajući sopstveno zavođenje literatura opet zavodi: ona nam, uvek iznova, obećava da će nastaviti – da obećava... Pismo je večiti donžuanizam.

Zavodnik/ca odbija da bude zaveden/a jezikom: da poveruje u obećanje smisla, u obećanje jezika da stvara smisao, da garantuje smisao koji traje, koji je stalan.

Realno kao Drugi ne da se predstaviti, ostaje uvek ekscentrično i izmiče ogledalnom odnosu.

Neverovanje zavodnika, piše Šošana Felman, jeste, pre svega, neverovanje u sposobnost jezika da imenuje tranzitivnu istinu. Neverovanje je logička posledica same prakse zavođenja. Zavodnik ne može da veruje u objektivnu realnost ogledalne iluzije koju sam stvara. Strategija zavodnika jeste da obećava, ali, kao i zavodnik, nema nameru da održi obećanje; on ne laže, on se samo poigrava referencijalnim svojstvima svojih iskaza na isti način na koji zavodnik pruža ženi idealizujuće narcističko ogledalo njene sopstvene želje prema sebi. Tako se stvara iluzija realnog delovanja koje upućuje na samog sebe.

Na isti način i tekst upućuje na samog sebe, uvlači drugog u svoju tekstualnu praksu. Pismo se poigrava sopstvenim jezikom, koji se sam odražava; u isti mah, poigrava se autoreferentnošću narcističke želje sagovornika i njegovom potrebom da uđe u tekstualnu igru označitelja.

Zavesti znači stvoriti srećan jezik. Sreća nije ništa drugo do taj „višak govora". Zavesti znači stvoriti jezik koji uživa: jezik koji uživa u „višku".

Obećanje paternalističkog smisla, obećanje samog čina stvaranja jeste obećanje koje računa na odnos sličnosti između oca i sina, znaka i referenta. Paternalističko obećanje jeste obećanje metafore – metafore kao temelja principa identiteta, vlastitog smisla i vlastitog imena.

BART DERIDA

Smislu se ne može suprotstaviti frontalno, jednostavnim isticanjem njegove suprotnosti. Treba varati, krasti, nijansirati (u dvostrukom smislu te reči: isticati tananost i ukidati svojstvo), to jest, konačno parodirati ili, još bolje, simulirati. Otuda već pominjani značaj pojmova kao što su paragrami, plagijati, intertekstualnost.

Treba dovesti u pitanje načelo genetskog rezonovanja i instituciju očinstva. Očinstvo se ovde posmatra kao jezički čin. Treba dekonstruisati tu očinsku logiku identiteta, obećanje metafore, uvođenjem figure anafore, neprestanog obnavljanja početaka ponavljanjem nedovršenih, neodržanih obećanja. Vernost je jednaka prihvatanju istog, kraja, smrti. Nasuprot tome, afirmacija života javlja se kao kretanje koje bez prestanka transgresira i prerasta granice. Zadovoljstvo u igri, zadovoljstvo u uživanju. Pisanje je prostor koji uključuje u isti mah i zadovoljstvo i želju za jezikom, naukovanje koje ne nastoji da kaže već da učini, ne toliko da dovede do spoznaje koliko da pobudi želju i uživanje, i gde je odnos s drugim pre svega odnos inicijacije i eksitacije.

SIKSU   Pisanje je sama ljubav, ljubav (druga, drugog) jeste ime za to pisanje. Nova ljubav usuđuje se da primi drugog, da ga želi. Pismo je u meni prolazak, izlazak, boravak drugog, koji jesam i nisam, koji osećam kako prolazi, koji me čini živom, koji me cepa, uznemirava, čini drugojačijom, jedna, jedan, više njih, nepoznati koji u meni budi želju za spoznajom sa kojom počinje život.

47

Ljubav pismo nije samo način govora već način da sebe (se) govorim. Ako je ljubav solilokvij, znači da je Drugi odsutan, suštinski nem, vrda, izmiče. „A ja želi, pati, strepi i polako prerasta u strpljivu i patetičnu dušu." Pisanje je retorika zavođenja, naukovanje kao ljubav, čin angažovanja koji zahteva želju i zadovoljstvo, obučavanje u želji koje komunicira želju za teorijom. Dopasti se, ne ubeđivati niti dokazivati već zavoditi, obezbediti ljubav. Tekst je uvek fragmenat ljubavnog govora. Telo govorećeg bića postaje fragmenat – fragmenat ljubavnog govora: to je diskurs koji je zaljubljen u biće koje govori, on se lepi za našu kožu. Pismo se iskazuje kao aktivnost erosa. I tekst, novi ljubavnik, novi Dionisije, poziva na ljubav konstituišući se i trošeći se u isti mah.

Reč je o pismu koje se izdaje za praksu koja uranja u nerve, vene, organe, pol, da bi iskazala život, ili tačnije – uživanje.

NAPOMENA:

Shodno mom shvatanju literature odnosno čitanja teksta, namera mi je bila da umesto navoda i fusnota na marginama teksta ispisujem imena autora čije se ideje koriste, parafraziraju, čiji se „tekstovi prepisuju uz umetanje vlastitih ideja, odnosno čiji se redovi umeću u moj vlastiti tekst". Međutim (ovakva prezentacija teksta zahtevala bi promenu formata stranice), ovo načelo realizovano je samo u uvodnom tekstu. U ostalim tekstovima imena autora čiji se glas upisuje u tekst ispisana su u samom tekstu.

ZAVOĐENJE KAO JEDINI NAČIN OVLADAVANJA SIMBOLIČKIM

To je pisanje koje se postavlja protiv ne-
čeg. Protiv Logosa, diskursa koji posedu-
je Zakon, propisuje norme, prigušuje
žudnju... nameće joj svoje „smislene" re-
či...

Beatris Slama

FILOZOFSKE PRETPOSTAVKE
„DRUGOG PISMA"

Svojstvo svakog pisma (écriture), prema Rolanu Bartu, jeste prekid i rađanje. Žensko pismo označava, u odnosu na prethodnu kulturu, prekid i rađanje. U tom smislu, reč je o nečem novom. Naše pitanje biće, dakle: koje su filozofske pretpostavke rađanja „ženskog pisma".
U osnovi naše kulture jeste opozicija muško/žensko. Njene proširene distribucije osnova su društvene razmene. Muško/žensko automatski označava veliko/malo, superiorno/inferiorno, visoko/nisko, Priroda/Istorija ili transformacija/inercija. Ukratko, čitava teorija kulture, čitava teorija društva, celokupan sistem simboličkih predstava i sve ono što se iskazuje, što se organizuje kao diskurs – umetnost, religija, porodica, jezik – organizovano je na osnovu hijerarhizovanih opozicija koje su distribuciono ponavljanje opozicije muško/žensko. Kulturni diskurs kao „prirodnu" ističe razliku između aktivnosti i pasivnosti, obezbeđujući na taj način alibi semantičkoj razmeni društva.
Naša zapadnjačka misao nastojala je da sve političke, etičke, estetičke i naučne probleme svede na teologiju čoveka. Međutim, razvoj nauka kao što su antropologija, psihoanaliza ili lingvistika ozbiljno je poljuljao tu bezrazložnu veru u čoveka stvaraoca smisla, živog izvora znakova i značenja, koji može da transformiše i humanizuje prirodu. Kritičke i demistifikujuće filozofije Ničea, Marksa i Frojda najavile su i „bankrotstvo" pojma univerzalne suštine. Teorijska istraživanja psihoanalize pokazala su arhaizam vezivanja za istrošenu i iskrivljenu figuru Cogita. Nasuprot njemu, istakli su nesvesno, strukturirano kao jezik.

Filozofska misao, sa svoje strane, odustaje od ljudskog Co- gita – subjekta – supstance – svesti i od čoveka subjekta is- kustva. Čovek sada postaje objekt pozitivne antropologije. Sa napredovanjem lingvistike sve se manje govori o čove- ku a sve više o strukturama i dubinskim figurama kojima su određeni suptilni odnosi između ljudskog govora i jezi- ka, performansa i kompetencije. Zahvaljujući psihoanalizi koja govori o želji, snu, radu, ispisivanju nesvesnog, reto- rika i poetika, sintaksa i semantika dovode u pitanje svesni subjekt. Svesni subjekt više nema komandu nad radom u jeziku, on predstavlja samo mesto, prazninu, rupu. Levi- Strosova etnologija dešifruje kodove totemizma i relacije srodstva, velike mitske korpuse, i u lepoti formalnih skupo- va koje opisuje ističe pravila, aksiome, diferencijalne relaci- je što određuju performans ispitivane kulture. Sve je manje reč o ljudskoj, univerzalnoj subjektivnosti uz koju smo po- kušali da postanemo „gospodari i posednici prirode".

Za razliku od epistemologije koja joj prethodi, dana- šnja epistemologija odbacuje verovanje u univerzalnost ra- zuma. Od Dekarta do Hegela, na Zapadu se uspostavio od- ređeni tip racionalnosti, siguran u sebe i u svoju beskrajnu univerzalizaciju, siguran da je transcendentalna racional- nost kadra da svojim normama prevaziđe empirijsku razli- čitost kultura i istorija. Naravno, bez te racionalnosti ne bi bili mogući ni diskurs nauke ni praksa tehnike.

Antropološka istraživanja pokazala su, međutim, da je taj razum, ili logos, koji smo smatrali univerzalnim, samo jedan od kulturnih proizvoda i da ne postoje razlozi koji bi mu obezbedili alibi za svest o vlastitoj superiornosti. Ako bi i dalje verovao u svoju superiornost, čovek bi prevideo postojanje, odnosno svojim nepriznavanjem uništio druge pristupe, manje plodne u svojim teorijskim ili tehničkim rezultatima ali dostojne poštovanja zbog razlike i poetske drugojakosti koju podrazumevaju. Proučavanja društava nazvanih „primitivnim", društava drugačijih od našeg ali nama savremenim, pokazuju da su magija i nauka dva paralelna čovekova pristupa prirodi: „Magijska misao, piše Klod Levi-Stros, nije početak, začetak, skica ili deo nerealizovane celine; ona predstavlja dobro artikulisan sistem, nezavisna je od nauke mada postoje formalne analogije koje ih približavaju i od prve čine novu vrstu metaforičkog izraza druge."

Platonovski dijalektički logos, univerzalni razum koji je trebalo da osvoji prirodu i sve što je ljudsko, ostao je rob principa identiteta, potiskujući iz kulture Drugo – proglašeno za kontradiktorno, konfuzno, izvor ludila i nemira. Zapadnjački humanistički razum proklamovao je univerzalnost Čoveka (muškarca), što je za posledicu imalo brisanje razlika, ukidanje različitosti kodova i svođenje svega na dimenziju Istog. Žensko se redovito tumačilo kao partikularno. Univerzalno je, na prećutan način, dobilo sve karakteristike muškog. „Muškarac postaje govor sveta. Svet je govor muškarca." Govor muškarca ili govor Boga – svodi se na isto. Govor kao logos jeste uvek govor Oca, Zakona! „Otac, ili Sin, ili Sveti duh, ali ne i Devica Marija, koja može da kaže samo Fiat."

Ističući nesvesno kao rad u jeziku, psihoanaliza odnosno Frojd dovode u pitanje identitet, bliskost subjekta sebi samom, prisustvo u sebi. Subjekt gubi svoje vladanje, svoju lucidnost, svoju transparentnost kao svest. Pored „ja mislim" treba prihvatiti da „ono govori" ili, kako kaže Lakan: „Mislim tamo gde nisam, dakle tamo sam gde ne mislim."

Nesvesno je strukturirano kao jezik: još od snova, čije je značenjske metamorfoze pokazao Frojd, znamo da nesvesno prati strukturaciju tropa ili figura, metafora, metonimija. Nesvesno je strukturirano kao gramatika, kao sintaksa, odnosno kao logika. No, njegova je aksiomatika posve nova jer u snu, ili kroz simptom, nesvesno zapravo uspeva da prevaziđe klasičnu sve-moć načela ne-kontradikcije.

U pokušaju da se artikuliše, „žensko pismo" se suočilo sa bitnim filozofskim problemom. Ako je tačno da je krajem devetnaestog veka, zahvaljujući psihoanalizi i Frojdovoj teoriji i praksi, poljuljana vladavina subjekta koju je uveo još Dekart, onda se postavlja pitanje koji oblik ima ta relativizacija subjekta. Upisivanje problematike nesvesnog otkriva nam da je subjekt naše kulture nejedinstveni, pocepani subjekt. Cepanje ili raskol subjekta nužno se odrazilo na horizont klasičnog scientizma otvorivši tako, nanovo, pitanje subverzije žanrova. Pojavljivanje nesvesnog kao odlučujuće instance diskurzivnosti na zaokretu pozitivističke epistemologije devetnaestog veka označilo je vraćanje imaginacije u istraživanja i naučne invencije, ali je u isti mah pokazalo da možda nikada i nije postojao diskurs koji bi mogao da se autarhijski misli kao Nauka – mada je transcendentalni ego svim silama nastojao da izdvoji nauku, literatura, nauka i filozofija ostale su povezane. Ne postoje dva Rijemana: strogi Rijeman aksiomatike i delirantan i barokni Rijeman velikih metafizičkih snova; od pojave Frojda znamo da ne postoji čisti diskurs podređen nauci, sintaksi i kombinatorici. Svaki jezik, pa i onaj objektivne spoznaje, poljuljan je cepanjem nesvesnog. Da li naučna i filozofska misao može da prihvati heterogenost, heterotopiju, Drugog, ili ostaje podređena principu identiteta.

Naravno, bilo bi naivno verovati da je od Dekarta do Frojda polje subjektivnosti bilo uniformno, jedinstveno i da nije znalo za modulacije unutar sopstvenih struktura. Očigledno je da postoji ogromna razlika između Kantovog mislim i kartezijanskog Cogito ili huserlovskog transcendentalnog.

Priznavanje drugog jedna je od osnovnih crta jednog dela zapadnjačke filozofske misli. Prvi korak u tom priznavanju jeste demistifikacija filozofskog diskursa i dovođenje u pitanje njegovog prava na univerzalnost. Filozofski diskurs više nema prednost nad ostalim diskursima, vladajući subjekt gubi „tvrdo" tlo pod nogama. Razara se, topi, solidnost filozofskih temelja. Subjekt se lišava svoje središnje i privilegovane pozicije jakog „subjekta".

Rada Iveković tačno primećuje da davanje prednosti filozofskom diskursu pred ostalim traži pretpostavku njegove sposobnosti da okupi i predstavlja sve perspektive i sve interese, bez ostatka. No, takva neutralna pozicija ne postoji, smatra, na primer, Lis Irigaraj, što ne znači da je u tom pravcu ne treba tražiti. Ona postoji samo „relativno", kao stalno ispravljanje pristrasnih pozicija. „Princip apsolutne pobede jednog žanra nad ostalima lišen je smisla."

U *Mille plateaux*, Delez i Gvatari modelu stabla i jednodimenzionalnoj kauzalnosti kao metafori za zapadnjački, dominantni model kulture jakog subjekta, suprotstavljaju model rizoma – model alternativnog „subverzivnog anarhičnog delovanja u otporu" kojim se otvara mogućnost za delovanje mnoštva slabih subjekata.

Centrični, privilegovani, jaki subjekt gubi svoju poziciju vladanja ustupajući mesto subverzivnoj „fluidnosti" drugog. Arogancija i „volja za moć" pozicije metajezika rastvara se u ironičnom, vragolastom, mimikrijskom podrivanju „punog značenja" logičkog diskursa kulture u kojoj vlada Ime Oca. Nužno se odustaje od privilegovane pozicije „jakog subjekta", gospodara. To, naravno, podrazumeva i napuštanje jedinog toka povesti (onog koji u svojoj jednodimenzijalnoj linearnosti priznaje samo progresiju) i prepoznavanje mnoštvenosti vremena. IVEKOVIĆ Pojavljuju se mnogi novi „slabi subjekti". Subjekt se ne može više legitimisati svojom ideologijom, svojim načelnim namerama; mišljenje se priznaje kao provizorno, pristaje na nesigurnost.

Novo iščitavanje Hajdegera, Ničea, Malarmea i Morisa Blanšoa i teorijski uticaj strukturalizma (uključujući i ruski formalizam) doveli su do radikalne redefinicije „drugojakosti" dovodeći u pitanje Sartrovu definiciju. Fenomenološko „isto" i „drugo" posmatraju se unutar problematike kartezijanskih modela racionalnosti i naučnog znanja. Moderna fikcija (Arto, Džojs, Malarme, Beket), sa svoje strane, istražuje taj isti ego prepoznajući čovekovo temeljno – ne – poklapanje – sa – samim – sobom, što za posledicu ima novu i radikalnu teoriju drugojakosti.

Paralelno sa valorizovanjem drugog valorizuje se neutralno – u – jeziku bez – subjekta. Francuska teorijska misao na taj način traga za prostorima u kojima se izražava drugojakost; na primer, jezik kao istraživanje drugojakosti. Za mnoge autore nije sporna činjenica da prostor drugojakosti može da označava „žensko".

Iz Frojdove i Lakanove pretpostavke da je za nas prvo Drugo majka (koja se zatim zamenjuje „drugim ženama" u beskrajnom sledu razmene za muškarca), Julija Kristeva, na primer, izvodi radikalni zaključak da je Drugo uvek „drugi pol".

Pokazalo se da je razlika između „ja" i „ti" istovremena sa „polnom razlikom" i da svaki poremećaj alokucije polariteta povlači interferenciju dva pola. To je način da se istakne činjenica da je polna razlika korelativna sa razlikom između diskurzivnih instanci: da je „drugo" „drugi pol".

Prostor „izvan" svesnog subjekta često je, u istoriji zapadnjačkog mišljenja, konotirao „žensko": otuda, bilo koje okretanje drugojakosti jeste okretanje ka ženskom; svaki pokušaj da se drugojakosti obezbedi mesto unutar diskursa znači u isti mah uvođenje „žene" u diskurs. „Ako jedno autonomno", ja ili on, ne može više da postoji, onda jedino jedno anonimno „ona" može da eks-sist-ira. „Ona" može biti psihologizovana žena ali je u isti mah sam mehanizam, supstanca smrti pisca–muškarca kao subjekta.

Taj proces, tu korespondenciju između ženskih odlika drugojakosti i „ženskog" u karakteru izvrsno je opisao Mišel Leris. „Ona" nije „objekt" već „melanholična supstanca", ono što mu (muškarcu) nedostaje: to ga nagoni da želi, da piše. Funkcija pisanja za njega jeste „situirati mesto na kojem zjapi nesamerljivi bezdan". To mesto, ta praznina provalije u njemu samom jeste žensko.

Za Deleza, na primer, „postajanje ženom" jeste središte svih postajanja, uzor svih promena. Zanimljivo je da se to postajanje pripisuje pisanju (pismu) kao privilegovanom obliku postajanja, primeru u isti mah unutrašnje transformacije i delatnog zahvata u svet. Pri tom se postajanje ženom ne odnosi samo na žene već i na mnoge muške pisce (Lorens, Prust, Miler, Kafka). „Pisati, kaže Delez, to je postajati, ali nikada postajati piscem. To je postajati (nečim) drugim.“

Nije slučajno da su istraživanja drugojakosti u modernizmu od Majke načinila opsesivnu temu. Uostalom, „prvo 'drugo' sa kojim ja–sin uspostavlja pravi dijalog jeste majka“, kaže Julija Kristeva diskutujući sa Lakanom o polu „drugog“. Privilegovani primalac, majka je pre svega drugi pol: za Lakana i psihoanalizu majka konstituiše subjekt. Derida smatra, na primer, da jedino majka može da bude ta koja će preživeti bilo koje pismo, dok je za Deleza odbacivanje majke temelj zapadnjačke fantazije.

U intervjuu koji je dao za „Mari Kler“, povodom objavljivanja knjige *Parazit,* Mišel Ser kaže: „Za mene postoje samo dva pola [...] ne postoji muškarac i žena. Verujem da su dva temeljna pola majka i drugi. Muškarac i žena, to je potpuno površna podela. Postoji majka – sve žene koje su majke i sve one koje će to postati – i svi drugi.“

Derida je svesno feminizovao neutralno *ça* i to na različite načine (u tekstu „Glas“): ça može da bude sa, ženska posesivna zamenica, kao i skraćenica za označeno. Jezik majke jeste ono neutralno ça, it, id nesvesnog, jezik s one strane uvek određenog pola ličnosti. To je možda jedan od razloga što se savremena teorijska istraživanja drugojakosti (ženskog, materinskog) toliko približavaju fikciji, kao što uostalom i sama fikcija često nalikuje teoriji.

Radovi avangarde – postmodernizma – suprotstavljaju se koherentnom „punom značenju“ logičkog diskursa kulture u kojoj vlada Ime Oca. Decentrizujući diskurs avangarde, sa svojim lomovima i dislokacijama, otkriva pukotinu u društvenoj i kulturnoj fasadi subjekta. Prema Lis Irigaraj, mimikrija, vragolasto reprodukovanje diskursa potkopava privilegovanu poziciju prvobitnog i originalnog diskursa i uvodi pomeranje kroz repeticiju koja je omogućena izbijanjem potisnutog. Kroz disrupciju simboličke funkcije jezika mi smo u stanju da izrazimo potisnuto, ili bar da otkrijemo tragove potisnutog.

Mišljenje u pojmovima binarnih opozicija uvek podrazumeva subordinaciju drugog elementa prvom a preokretanje parova pojmova samo ponavlja sistem koji je delao unutar početne opozicije. Kao što je to pokazao Žak Derida, u diskursu zapadnjačke metafizike ženskost zauzima mesto ne-istine. Sa Deridinog stanovišta, žensko nastojanje se ne može misliti u pojmovima muško/žensko, ženskost/muškost; ono se može misliti jedino s one strane ovog polariteta, kao vrsta seksualnog pluraliteta.

U stvaranju fikcije pisci se oslanjaju na iste kodove označavanja koji su u osnovi naših društvenih prostora i njihovih interakcija i prožimaju ih: fikcija prenosi društvene rituale i simbole koji hine socijalnu praksu. Sama literatura jeste „diskurzivna praksa" čije konvencije prate društvene konvencije i njihovi su ideološki saučesnici. Ako je svako prizivanje i oslanjanje na kod u isti mah i njegovo jačanje ili novo ispisivanje, onda je literatura mnogo više od prenošenja ideologije. Ona je „posredujuća, oblikujuća sila u društvu" koja strukturira naš doživljaj sveta. Konvencionalno narativno razlaganje braka, ili smrti, na primer, onako kako su to romanopisci devetnaestog veka radili, znači u isti mah sankcionisati te konvencije, načiniti ih preskriptivnima koliko i deskriptivnima, ovekovečiti ih kao radne mitove kulture.

Stoga „drugo pismo", odnosno kritika određena ovom perspektivom, pokušava da se bavi analizom kolizije literature i ideologije usmeravajući se pre svega na način na koji se ideologija ispisuje kroz književne forme, stilove, konvencije, žanrove i institucije književne produkcije. Otuda žensko čitanje jeste istovremeno i čitanje kulture. Ženska interpretacija literature podrazumeva dekodiranje mnogih sistema značenja koji se podrazumevaju i u društvenim naukama.

Literatura i kritika s početka veka odbacuju ideološke kategorije na kojima je počivao devetnaesti vek. Dovodi se u pitanje subjekt: subjekt kao prisustvo autora, postojanje ličnosti ili tema, da bi se pokazalo da se stvari događaju u jeziku. Jezik je ta opasnost u pravom smislu reči... Autorovo vladanje tekstom relativizuje se na više načina: otkrića psihoanalize lišila su ga prava da kao svest ili volja vlada označenima – tekst treba čitati, dešifrovati, interpretirati kao sistem ili semantičko-sintaksičko biće čija čitava ekonomija, razdirana dijalogizmom, izmiče onom ko ga je stvorio. Delo je, bukvalno, „ukradeno pismo". Primenjena na književnu kritiku, lingvistika je samo potvrdila tu neophodnost dovođenja u pitanje autora – oca – subjekta, gospodara svog dela. „Delo je rasipni sin" jer je tkano od jezika čija pravila i strukture izmiču onom ko se u tekst upisuje kao pisac. Delo se, kao i tekst sna, otvara čitanjima: njegov prostor ubuduće jeste prostor višeznačnosti. Delo postaje avantura smisla, ili smislova. Ta avantura ili, ako sledimo Džojsa, odiseja teksta, oslobađa tekst subjekta, autora-oca, čija je senka tekst pozivala na poslušnost a čitaoca na pokornost. Aktom čitanja čitalac postaje koautor teksta.

Pre tekstualne revolucije s kraja veka, subjekt (autor) i likovi romana bili su „sve-moćni", magijski junaci, ezoterične sile, „diktatori vremena i prostora", moćni inženjeri svesti, gospodari političkih sudbina. Roman devetnaestog veka svojim likovima i njihovim intrigama oličava i ideologiju koja je u njegovoj osnovi. Dvadeseti vek donosi bitnu promenu: ni subjekt, ni lik, ni bilo kakva lingvistička jedinica, diskurzivna ili retorička, ne može da obuhvati i kontroliše beskrajnost značenjskog procesa. To je kraj totalizujuće priče i početak doba poetskog jezika. Tekst postaje laboratorija u kojoj se traga za prekoračenjima u jeziku, za uživanjem u procesu strukturacije, koji izmiče uređenim strukturama i koji scenu govora premešta ka nesvesnim slojevima.

Promena tekstualne prakse donosi i ukidanje granica između žanrova. Kada Rob-Grije ili Margerit Diras prave filmove koji su takođe, i pre svega, tekstovi, pismo afirmiše svoju moć uznemiravanja, deranžiranja, dovodeći u pitanje hijerarhiju i sistem razlika koji vlada svetom zakona. Daleko smo od ideologije koja je kod Platona i Aristotela određivala odnos logosa i pisma... Literatura tako postaje pitanje postavljeno jeziku posredstvom jezika, istraživanje jezika u samom jeziku. Tekst ubija pitanje Čoveka kao suštine, kao punog subjekta koji je humanistička teologija izdigla do nivoa idola. Umesto njega u delu radi simboličko: za Juliju Kristevu, na primer, semiotički procesi uvode u tekst fluidnost, lutanje, ne-mesto: fluidno u jeziku pa, dakle, poetski jezik jeste, sa sinhronijskog stanovišta, oznaka pulsionih procesa – prisvajanje/odbacivanje, oralnost/analnost, ljubav/mržnja, život/smrt; sa dijahronog stanovišta, reč je o procesima koji se dotiču arhaizma semiotičkog tela koje je zavisno od majke. Pulsioni, materinski, ovi semiotički procesi pripremaju ulazak govoreće instance u značenjske mreže. Jezik pak, kao nominacija, znak, sintaksa, konstituiše se prekidajući s onim što mu prethodi. Ta distinkcija između simboličkog i semiotičkog pulsionog rezultat je potiskivanja incestuoznih odnosa s majkom, odnosa koji i konstituišu jezik kao simboličku funkciju. Poetska semiotika označava, dakle, vraćanje nagonskog i potisnutog incestuoznog, vraćanje zla (da upotrebimo Batajeve odredbe). Subjekt poetskog jezika pokreće transcendentalni subjekt, kojem je i podređen poredak simboličkog. Diskurs o nesvesnom biće, pre svega, diskurs o ženskom, o potisnutom ženskom čije je vraćanje moguće kroz pukotine psihoanalitičkog diskursa i razotkrivanje uživanja žene

– upravo ono čega se Frojd pribojavao i čemu je izbegavao da pogleda u oči: pol žene, pol majke. Kao opšti deo pokreta avan-garde, žensko pismo nastoji da subvertira ideološke kodove. S jedne strane, ono je vezano za već pominjani razvoj nauka kakve su antropologija, istorija, lingvistika i psihoanaliza i, s druge strane, za razvoj savremene filozofske refleksije – za misao jednog Fukoa, Lakana ili Deride. Žensko pismo ima u vidu rad u tekstu kao istraživanje mogućnosti jezika i oblika – otuda naglasak na označavajućem, na gramatičkim i prozodijskim istraživanjima, uloga trans-tekstualnih posedea, brisanje granica žanrova.

Ono se pre svega ispisuje kao radikalna kritika diskursa, radikalna kritika celokupnog kulturnog nasleđa, kritika diskursa kao Logosa – Razuma – Zakona – Vladanja – Teo-Logo-falocentričnog diskursa. Ova kritika oslanja se na filozofsku refleksiju Žaka Deride, koja dovodi u pitanje logocentrizam i njegove binarne opozicije. Filozofski diskurs kao metadiskurs svih ostalih diskursa treba ispitivati na nov, operativni način, tako što će se ispitivati svi njegovi pojmovi, „njegovo nesvesno". Treba i „uništiti diskurzivno funkcionisanje", upitati se o tišinama, metaforama, „nesvesnom svake filozofije" da bi se pojavili zajmovi ženskog/ženskom. Treba ostati na „granici filozofskog diskursa", kaže Derida, da bi se pojmilo ono što njegova istorija prikriva ili zabranjuje. Ili, kako kaže Lis Irigaraj, stalno prelaziti od iznutra ka spolja.

Kritika diskursa kao takvog produžava se u kritiku različitih diskursa: nasleđenih, konstituisanih. Dovode se u pitanje bajke, legende i celine slika koje konstituišu naše kulturno nasleđe. Diskursi su u ženskom pismu preuzeti, parodirani, izokrenuti, uvedeni u druge kontekste. Reč je o jednoj praksi intertekstualnosti čiji su ciljevi dekonstrukcija i, možda, i rekonstrukcija. Naravno, oni nisu samo specifično „ženski". Deo su pokreta postmodernizma. Glas žena se, dakle, javlja u vidu studija koje „iznova iščitavaju" istorijske diskurse u vidu „iskošenog čitanja sa ženina mesta" (čitanje hrišćanstva – Julija Kristeva u tekstu „Heretika ljubavi" ili, na spekulativnom planu – *Speculum* Lis Irigaraj). Potraga za imaginarnim ženstvenosti polazi od preispitivanja i prevrednovanja marginalne istorije i statusa ženskog izraza u literaturi. U tom smislu, žensko pismo predstavlja onu vrstu subverzivnog iskaza koji ustaje protiv moći i nasilja, jer predstavlja traganje za autentičnim doživljajem vlastitog tela, traganje za glasom prirode u sebi.

Žensko pismo jeste, otuda, deo tekstualne (označiteljske) prakse koja kao takva tek treba da se iskaže. „Teorija Teksta, piše Bart [„Od umetničkog dela do teksta"], ne može se zadovoljiti metalingvističkom ekspozicijom: destrukcija metafora ili barem sumnja u tekst [...] deo su same teorije: sam diskurs o Tekstu sme biti jedino tekst, traženje, tekstualni rad, zato je Tekst društveni prostor koji ne dozvoljava nikakav govor s bezbednog, nikakav subjekt izjavljivanja u položaju sudije, gospodara, analitičara, ispovednika, dešifratora."

Jedna od osobina i namera „ženskog pisma" jeste da ono „rađa pismo". Pismo mora da podstiče na pisanje, da bude put osveštavanja, pregovaranja, motivacija za novo pisanje.

Žene treba da pišu sebe: da žena piše o ženi i da pozove ženu na pisanje – one su od njega bile udaljavane jednakom žestinom kao i od svog tela: zbog istih razloga, istim zakonom, s istim ubilačkim ciljem, piše Elen Siksu. „Tvrdim da pismo nosi biljeg spola i da je ono do danas bilo mnogo represivnije nego se to sluti ili priznaje, da je njime upravljala kulturna i libidinalna, dakle politička ekonomija tipično muška. [...] Bilo je to mesto potiskivanja ženskog, mesto spolnih suprotnosti a ne razlika, gde žena ne govori svojim jezikom, nema svoju riječ; to je tim neoprostivije što upravo pisanje znači mogućnost promene, prostor odakle se može vinuti subverzivna misao, poteča transformacije društvenih i kulturnih struktura..."

Julija Kristeva, koja ne priznaje podelu na žensko i muško pismo, ističe dve kategorije koje prepoznaje kao zajedničko svojstvo ženskih tekstova: s jedne strane, reč je o odbacivanju stroge, koherentne, logički utemeljene strukture, pa prema tome i o nepristajanju na strogu, vidljivu kompoziciju. Žena se ne oseća dobro unutar raciom osmišljenog sistema. Ona prednost daje fragmentu, slobodnoj i prividno čak nekoherentnoj kompoziciji. Naravno, ovo svojstvo koje ističe Julija Kristeva nije privilegija samo „ženskog pisma", nalazimo ga u postmodernizmu i kod pisaca poput jednog Rolana Barta, Blanšoa ili Solersa.

Žensko pismo karakteriše najpre velika metonimičnost, potreba da se kaže manje nego što se zapravo kaže, svojevrsna askeza, semantizacija svih nivoa. Analizirajući zbivanja na nivou znaka, Julija Kristeva kaže da znak u žena kaže uvek manje nego što kaže, da je uvek ispod nivoa izražajnosti, da on uvek nagoveštava, da je litotičan.

Druga kategorija koju ističe Julija Kristeva jeste i „deneutralizacija signifianta" – zanemarivanje označenog, odnosno zanemarivanje tematskog, referencijalnog plana u tekstu. U ženskim tekstovima dominira izražajna strana, ono što bismo nazvali „zrnom" ili „glasom": sve postaje znak. Tekst je glas, dah tela, njegovi ritmovi, pauze, naboji. ŠAFRANEK Kao i u modernizmu, reč je o otklonu od reprezentativnosti, odslikavanja sveta a za izražajnost, za ono gotovo nevidljivo „zrno glasa": odbacuje se metafizičko, oslobađa pritiska Logosa; to je pohvala trenutka, govor o krizi identiteta shvaćenog kao nešto puno, čvrsto, solidno, prožimanje s prirodom, snom: reafirmacija telesnog, prodor podsvesnog u svesno. Prisutnost ličnog, prisutnost tela, prisutnost želje. Promišlja se nanovo odnos majke i kćeri, ističe veza s prirodom kao iskonskim elementom porekla. Zatim, tu je žudnja kao temeljni element ženskog pisma, ali ne bilo kakva žudnja, nego žudnja dovedena do apsoluta, bez granica. Žudnja, koja je difuzna, nije jednoznačna jer je i ženska seksualnost polimorfnija od muške.

Žensko pismo je, u isti mah, rad u tekstu kao istraživanje mogućnosti jezika i formi te je stoga naglasak na označavajućem, gramatičkim i prozodičkim istraživanjima, trans-tekstualnim prosedeima, brisanje žanrova. I najzad, u tekstovima koje pišu žene ukida se kartezijanska podvojenost duha i tela. Telo postaje ne samo tema nego i motivacija za pisanje, i načelo njegove strukturacije. Žensko pismo jeste upisivanje ženskosti u tekst, to je pismo Razlike. No, odmah se postavlja jedno gotovo nerešivo teorijsko pitanje: ako je svaki govor muškarca i svaki diskurs teocentričan, kako govoriti a ne biti u tom diskursu, kako govoriti drugačije koristeći govor drugog. Kako biti jednak i biti drugi? Kako biti shvaćen i prihvaćen a kazati svoju različitost, iskazati svoju specifičnost? Drugim rečima, žene se moraju upisati u diskurs, društveni, muški, postojeći, i protiv njega.

Biće to pismo prekida budući da, sedamdesetih godina, žene od užitka stvaraju metaforu svog pisma, a od pisma metaforu svog užitka. **SLAMA** To je pismo uranjanja u telo, gubljenje daha; glas, ritam, intenzivnost. To je govor koji traži dijalog, poziv, slušanje, prelaženje „s nesvesnog na nesvesno". Međutim, ono se, od Hegela do Deride, artikuliše na tlu filozofija „drugog" i „razlike", na tlu teoretičara i revolucionara „pisma" od Malarmea do Artoa i Blanšoa. To je pismo filozofâ „žudnje" i „libidinalne ekonomije" od Deleza do Liotara. Govor o traganju za nekim ženskim jezikom zbiva se u zabrani i „označiteljima" lakanovskog diskursa. On nameće sveprisutnost seksa, ukida tabu tela i puti, žudnje i užitka.

To je pisanje koje se postavlja protiv nečega. **SIKSU** Protiv Logosa, diskursa koji poseduje Zakon, propisuje norme, prigušuje žudnju, nameće joj svoje „smislene" reči „nemoćne da iskažu sve ono što pulsira, urla, umire, izigrano". Da bi se oslobodile, žene moraju govoriti „drugačije". **SLAMA** „Da bi se vinuli do saznanja, muškarci su ukrali nebesku vatru. Žene moraju postati 'kradljivice jezika', moraju izmisliti 'drugačiji' jezik, pismo." Pismo koje ispisuje rođenje, raskid, prihvatanja. Pismo koje kaže *da* životu. *Da* različitosti. *Da* napokon pronađenom telu. Pismo tokova „veoma bliskih nesvesnom". Pismo subverzije. „To je pismo mene i obećanja – pismo drugačijeg društva u kojem žene neće zauzeti vlast nego će čovečanstvu, zatočenom u istome, vratiti njegovu zabašurenu, poniženu, kastriranu polovicu, bogatstvo njegove ‚drugosti', ono žensko što će napokon svaka žena i svaki muškarac moći u sebi prepoznati."

TELO ILI POLITIKA POGLEDA

Priroda ih je načinila vešticama. To je osobina svojstvena Ženi i njenom temperamentu. Ona se rađa kao Vila. Zahvaljujući egzaltaciji postaje Sibila. U ljubavi je Čarobnica. Zbog svoje tananosti i zlobe, ona je Veštica...

Mišle, *Veštica*

U svom romanu *Veštica* Žil Mišle kaže: „za jednog vešca deset hiljada veštica“. Veštičarenje je odista pretežno ženska stvar. Zašto? Ko je veštica?

„Veštica se, veli Vuk Stefanović Karadžić, zove žena koja (po pripovijetkama narodnim) ima u sebi neki đavolski duh koji iz nje izađe i stvori se u leptira, u kokoš ili u ćurku, pa leti po kućama i jede ljude, a osobito malu decu.“

Veštica je dakle određeni tip žene, proizvod kulture koju je kulturno nesvesno investiralo u određenu funkciju. Veštica veruje u svoju magičnu i ugrožavajuću moć, a s njom veruje i čitav narod. Veštica nije zamišljeno biće. To je bila žena obična, kao i sve druge, koja živi, kreće se među ljudima. No, to je bila takva žena kojoj su pripisivana izvesna natprirodna, fantastična svojstva. Njen odnos prema ljudima, a naročito prema bližnjima, bio je štetan i ubitačan.

Jung kaže da su veštice projekcija muške anime, to jest primitivnog ženskog vida koji se održao u nesvesnom muškarca. Veštica materijalizuje omraženu senku žene, koje muškarci ne mogu da se oslobode i koju, iz straha, snabdevaju pretečom moći. Za žene, pak, veštica je neka vrsta ispaštaoca na koju one prenose opskurne elemente svojih nagona. Plod potiskivanja, ona u oba slučaja inkarnira želje, strahove i druge tendencije naše psihe, koje su nespojive sa našim ja, bilo zato što su isuviše infantilne, bilo iz drugih razloga.

Jung govori o kolektivno nesvesnom kao arhetipu koji je upisan u kulturno nesvesnom, to jest u dalekoj strukturi temeljnog koda iz kojeg se izvode svi kulturni kodovi: lingvistički, mitološki, verovanja, teološke koncepcije.

Rekli smo već da se veštica pretvara „u leptira, u kokoš ili u ćurku, pa leti po kućama i jede ljude, a osobito malu decu". Za ovo ima puno primera u našim narodnim verovanjima i predanju. Kad veštica „nade čovjeka gdje spava, a ona ga udari nekakvom šipkom preko lijeve sise, te mu se otvore prsi dok izvadi srce i izjede, pa se onda opet prsi srastu".

Svi činioci nesvesnog su u tom ponuđenom modelu veštice: ne-vidljivo, crno, tamno, bezoblično, haos, iracionalno, pre-natalna smrt, majka. Zlo je smešteno u carstvo Demona i monstruma, koje simboliše žena.

Ako usvojimo Bašlarov stav da su arhetipovi, ili kulturni kompleksi koje prenose jezik i kodovi, preživeli u kulturno nesvesnom, moglo bi se pretpostaviti da je figura veštice ostatak matrijarhalne misli i kulture. Religiozni, društveni, moralni konflikti vezani za prelazak iz matrijarhata u patrijarhat praćeni su napetošću i cenzurom koje su potisnule stare vrednosti. Ambivalentnost „ženskog", koju određuju dva suprotna pola – voljena i slavljena i omražena i zastrašujuća žena – i tematski motivi koji se iz ovog ambivalentnog niza izvode – užasna majka, opasna, demonijačka žena, mogli bi se vezati za tu potisnutu arhaičnu majku. Kao da je matrijarhalna misao konstituisala nesvesno patrijarhalne misli i kulture.

No, figura veštice izvan njenih folklornih obeležja uglavnom pokriva retoričku, analošku ili metaforičku kategoriju i zapravo je reč o metafori koja se vezuje za društvenoseksualni stereotip. U osnovi tog stereotipa jeste semiotički status žene, odnosno njen status onako kako se javlja u jeziku, odnosno kako ga donose znaci. Reč je o kompleksnom statusu jer „žensko" svoj lik pozajmljuje mnogobrojnim pojmovima (u ovom slučaju veštica) a, zauzvrat, ti pojmovi utiču na konačnu sliku „ženskog" (pojam veštice je posredno uticao na kulturološku koncepciju senzibiliteta: žena je senzibilna koliko i iracionalna i nestabilna).

Sve je znak. Svi predmeti našeg iskustva jesu u isti mah označeno i označavajuće. Međutim, dešava se da drugostepeni, izvedeni smisao (simbolički) retroaktivno investira i pokriva prvostepeni (praktični) smisao. To se dešava uglavnom kada je reč o velikim arhetipovima imaginarne misli: „ideja" je deformisana, maskirana, prikrivena metaforičkim značenjima koja je prerastaju i pokrivaju. Čitav jedan pojmovni sistem gradi se na osnovu mitske predstave parova elemenata:

muško/ žensko
subjekt / objekt
moć / nemoć
red / nered
duh / materija

čemu odgovaraju i sledeći elementi:

sunce / mesec
dan / noć
dobro / zlo
visoko / nisko
duh / telo
bog / đavo

Ova vrsta opozicija, tako stara i toliko opšta, odredila je i modelovala sliku „ženskog" određujući ženu kao iracionalno biće mnogo bliže prostorima čulnog no prostorima inteligencije, i čija se sudbina, u skladu sa predloženim osobinama, povezuje sa zlim magijskim činima. U tom prostoru mesec, noć i smrt usko su povezani, i za njih se vezuje određeni ženski princip, odnosno veruje se da u zlim magijskim činima učestvuje određeni tip žene.

Rezultat ovakvog načina konceptualizacije jeste konstituisanje algoritma sistema transformacija koji se oslobađa mišljenja, postaje autonoman u odnosu na praktično iskustvo. Mehanizam konstituisanja algoritma je jednostavan: dva komplementarna entiteta grade polno određenu sliku tako što je u tom paru pojmova pozitivan element automatski muški a negativan ženski.

Kao dobar primer toga procesa konceptualizacije i njegove proizvoljnosti Pjer Giro navodi opoziciju sunce/mesec. U najvećem broju kultura ona je dobila moralne, pa čak i seksualne konotacije. Vezivanje žene za mesec svoj izvor ima u sunčevoj kosmogoniji. Mesečeve faze, čije promene određuju ritam vremena, postaju deo slike žene, koristeći se analogijom između lunarnih meseci i menstrualnih ciklusa. Lunarna žena je promenljiva – njena raspoloženja, kao i njeni ciklusi, zavise od meseca: veštice održavaju sabat u vreme punog meseca, lekovito bilje čiji rast potpomaže mesec bere se u vreme punog meseca (modaliteti se mogu menjati ali načelo ostaje isto). Na taj način znaku se pripisuje realna moć: uspostavlja se uzročni odnos između dva pojma i iz toga se izvodi određena praksa, koja nema nikakve realne osnove.

Znaci, pak, uvode diferencijalne opozicije koje mogu biti proizvoljne ili čak lažne ali koje su rezultat spontane dinamike sistema. Slično stoji stvar sa „misterioznom", pa prema tome i „opasnom" ženom. Reč je o modelu u kojem se žena spaja sa čitavim nizom analogona: Noć, Materija, Haos, bezoblično, nepredvidivo, nepoznato... Oko žene se kristališe mit o opasnoj, nepoznatoj ženi. Budući da je spoznaja sredstvo naše moći da obezbedimo kontrolu svoga delovanja nad stvarima, svako nepoznato postaje izvor naše nemoći i zebnje pred pretnjom opasnosti na koju nemamo nikakvog uticaja. Eva-Lilit, Pandora, uništavajuća majka, demoni, veštice, fatalna žena, kastrirajuća žena... Slika destruktivne i demonijačke žene mogla bi da bude, kao što smo već pomenuli, ostatak veoma starog matrijarhalnog arhetipa čija je „patrijarhalna" rekonverzija bila praćena napetošću, rivalitetom i antagonizmom. Iz perspektive

Jungove psihoanalize možemo pretpostaviti da su stari model i zebnja koja se vezivala za njega preživeli u vidu znakova — ostataka koje prenose najarhaičniji motivi: Sibila, veštica, demonska žena jesu ostaci jednog vremena kada je žena, u direktnom odnosu sa onostranim, bila prirodni prostor preseka sa božanskim i jedini i misteriozni izvor života.

No, za ono što mi želimo da dokažemo, figura veštice može se posmatrati i kao određeni ideologem. Kroz figuru veštice kultura je negativno odredila mnoga bitna svojstva „ženskog". Zbog ograničenog prostora navešćemo samo nekoliko primera.

Figura veštice može se posmatrati kao jedan od elemenata u folklornim obrascima fantastike gde je ona neka vrsta šiftera, prebacivača u kojem se oličavaju predstave našeg naroda o postojanju natprirodnih sila moćnijih od čoveka. U tom slučaju, fantastično biće, kako bi rekao Adler, simbolizuje ljudski san o moći. To su uglavnom oni tematski motivi koji se sabiraju oko figure veštice a vezuju se za jedinstvenu matricu o postojanju natprirodnih sila. U najvećem broju priča — čiji su naslovi „Veštica", „Izedeno dete", ili Matavuljeva priča „Đukan skakavac" kao i u narodnim pričama „Čudotvorni prsten" ili „Oklen ingleskoj kraljici tolike pare" — reč je o tom modelu.

No, nas će zanimati onaj tematskosižejni sloj u pričama i u književnosti u kojem se može kritički iščitavati naše narativno nasleđe i narativna mreža na kojoj se iscrtava kulturna retorika. Reč je o onim momentima gde fantastična svojstva prikrivaju „ideološki sadržaj" odnosno značenjski sloj u koji je investirana ideologija.

U odredbama koje se u našim zapisima i narodnim verovanjima vezuju za vešticu prepoznajemo čitav niz analogona koji je u osnovi kulturnog modela ženskog. Naime, u odredbama koje se pripisuju veštici može se prepoznati reakcija racionalističke, logocentrične svesti kojoj mnoga svojstva ženskog izmiču pa se zato negativno određuju.

Rekli smo da se figura veštice vezuje za kolektivno nesvesno: nesvesno je, s jedne strane, oslobađajuća sila ali, u isti mah, može biti i sila prinude, ukoliko se nameće kao fatalna nužnost. Počivajući na impresijama ono se gradi i na predubeđenjima. Nema ništa konformističkije od njegovih simbola.

Ima znakova po kojima se može uhvatiti koja je žena veštica, kaže Tihomir Đorđević. Kad u narodu vide „uveče kakvog leptira gde leti po kući, ponajviše misle da je vještica, pa ako se može, uhvate ga, te ga malo napale na svijeći ili na vatri. I nagorela kokoš oli druga koja tica u koju se vještica pretvorila mogu da prokažu vješticu. Vještica se može pretvoriti i u žabu." „U *Gorskom vijencu* baba vještica veli: 'Živinom se svakom promećemo.'" U komentaru ispod ovog stiha Rešetar kaže da se „vještica najviše stvori u leptire, u kokoš ili ćurku a i u žabu grbavicu".

O kom nam svojstvu veštice govori ovaj navod? Reč je o svojstvu preobražavanja. To je ono svojstvo koje, po Cvetanu Todorovu, uz pandeterminizam jeste jedno od svojstava fantastičnog.

Iščitavanje različitih simboličkih vidova koji se nude i vezuju za vešticu (leptir, kokoš, ptica, žaba) pokazuje nam da je uvek reč o varijantama istog arhetipskog modela: u svim pomenutim slučajevima reč je o lunarnim životinjama koje se vezuju za prirodni element vodu. Zbog svojih metamorfoza žaba, poput leptira, jeste simbol vaskrsnuća, oblik duše koja putuje dok je telo uspavano. Leptir je takođe simbol vaskrsnuća, metamorfoza duše koja se oslobodila svog telesnog omotača. Kao uostalom i ptica – ima posredničku ulogu između zemlje i neba. No, ono što je za nas zanimljivo jeste da se svi ovi simboli kao isključivo ženski simboli kod nas vezuju upravo za figuru žene veštice. To samo pokazuje da su sadržaji nesvesnog pre svega kulturni i simbolički. S druge strane, to može biti deo onih nastojanja koja teže da, na simboličkom planu, žensku ambivalentnost vežu za neki stabilan oblik. Želja da se žena veže za konkretne oblike manifestacija je specifičnog straha od moći žene, od fluidnosti njene polnosti, i zato se nastoji da se ta njena ambivalentnost fiksira na način kako će to kasnije uraditi psihoanaliza fiksirajući žensko odsustvo svake stabilne pozicije, njenu atopijsku neuhvatljivost za strah od kastracije.

U jednoj narodnoj pesmi se peva kako sestra Janja budi čobana Radoja, a on joj odgovara da ne može ustati:

Veštice su me izele:
Majka mi srce vadila,
Strina joj hicem svetlila.

Naime, u narodu se drži da žena ne može biti veštica dok ne pojede svoje dete. Negde, opet, veštice jedu decu tek pošto postanu veštice.

Koji ideologemi su u osnovu ovog motiva vezanog za vešticu? Svaka babica je veštica. Pošto pomaže u ostvarenju prirodnog čina (rađanja), ona prelazi na stranu protuprirode. S druge strane, babica zna i ume da koristi kontraceptivna sredstva. Sabat je mesto gde seksualni čin nije praćen reprodukcijom. Na osnovu metonimijskog proširenja, veštica postaje kradljivica dece. Ona je opasna jer je isuviše blizu prirode; zato će joj se pripisati sve smrtonosne želje prema detetu ili, još radikalnije, smrtonosna značenja. Sa stanovišta kulturne retorike, ona mora da plati zato što oslobađa ženu koja je ugrožena stalnim rađanjem.

Veštice su skoro uvek stare žene. „Nijednoj mladoj i lijepoj ženi, veli Vuk Stefanović Karadžić, ne kaže se da je vještica, nego sve babama." Interesantno je da čim pređemo na polje romanesknog, dakle priče (odnosno individualne aktivnosti za razliku od kolektivne), postoje i drugačija verovanja o izgledu veštica. Pripoveda se da je neki starac otišao na sastanak veštica. Kad tamo, ima šta i videti: „sve mladijeh i lijepih žena sve ljepše jedna od druge, dojahale na zlatnim konjima, pa na mjedenu guvnu igraju i pjevaju".

Razlika između folklornog i književnog transponovanja govori o mogućem dejstvu „narodnog" čitanja na imaginaciju i njene tragove u pričama. Naime, priče o vešticama u našim narodnim verovanjima potpuno su očišćene od mogućih seksualnih naslaga koje ovaj pojam ima u drugim kulturama. S druge strane, žena postaje vešticom tek kada se uda. Tu takođe nije teško prepoznati kulturni i seksualni stereotip koji je učitavan u narodna verovanja. Fantastičan je ovde samo element pomoću kojega se u kulturni model lakše investira određeni idejni sadržaj. Modifikacija koja postoji kad je reč o veštici kao romanesk'noj figuri govori o razgrađivanju motiva iz folklornih zapisa tako što je sada na delu određeni, drugačiji model žene.

Veštice su uvek stare žene. Za žene koje imaju krst ispod nosa, velike brkove i dlakave butine veruje se da su veštice i da mogu drugima naškoditi. Moguća su nekolika objašnjenja ovom odstupanju od uobičajenog poimanja veštice (koja je često upravo lepa žena). Jedno je ono koje bi sledilo lingvistički put. Baba u mnogim jezicima označava ženu, i to plodnu ženu. Baba Jaga je prisutna u mnogim slovenskim izvorima. Moguća je pretpostavka da je narodna memorija zaboravila prvobitno značenje termina i da je u pojam investirala svoj afektivni i ideološki sadržaj. Naime, kultura je mogla posredno da deluje na imaginarno. S druge strane, moguća je i pretpostavka da je u paganstvu postojalo odgovarajuće žensko božanstvo koje je rekonverzijom trebalo što više „ocrniti i nagrditi".

Engleska spisateljica Margareta Muraj smatra da veštice nisu ništa drugo do preživeli kult Dijane u Evropi. Svet magije je svet želje, može se čak reći: neobuzdane želje. Omađijanje, vračarija sa toga stanovišta dobija seksualne konotacije i vezuje se za strategiju zavođenja. Veštica je i zavodnica. Veštice imaju zlo oko, mogu ureći. Sirene mogu omađijati pesmom, Kirka radi s ljudima što joj je volja.

Zavođenje ne pripada planu prirodnog već planu nat-prirodnog (veštačkog), ne pripada planu energije već planu znaka i rituala. Svaki diskurs ugrožen je tom iznenadnom reverzibilnošću ili apsorpcijom sopstvenih znakova bez ikakvog traga smisla. To je univerzum igre, izazova, dvojnih relacija i strategija privida u kojem žensko nije ono što se suprotstavlja muškom već ona sila koja zavodi muško. Njegova suština je u preokretanju svake pretpostavljene dubine realnog, svake psihologije, svake anatomije, svake moći. Svi znaci su reverzibilni. Najveću moć zavođenja imaju prazni znaci, eliptični, bez referenta – pogled, miris, šminka. Navešćemo jedan primer. Dečak traži od vile da mu ispuni određenu želju. Vila pristaje pod uslovom da dečak ne misli na crveni lisičji rep. Dečak s olakšanjem prihvata uslov i odlazi. Ali, paradoksalno, on ne uspeva da se oslobodi misli o lisičjem repu. Priča je apsurdna ali najbolje ukazuje na moć neznačenjskog označavajućeg. Veštica zna da je duh očaran mestom koje je prazno, ispražnjeno od smisla. Čisto zavođenje praznog znaka u osnovi je svake ritualne magije i inkantacije. Simbolička efikasnost reči veća je kad je ova bez konteksta i referenta. „Ni o trn, ni o grm, već na pometeno gumno." Zavodljivost fantastičnog počiva na postojanju praznog znaka, nultog stepena značenja, znakova koji upućuju samo na sebe, i jedino se tako i mogu čitati.

No, za razliku od figure veštice koju nudi folklor, u polju romanesknog pojam veštice se proširuje na sliku žene svedene na prekomernosti svog tela, apsolutne slabosti ili čistog ludila. Iza ove dvostruke slike žene naziru se, poput filigrana, fantazmi zahvaljujući kojima žena oscilira između hladnoće i želje gradeći figuru koja ugrožava i koja je nedostatak, jer ne uživa, ili je fascinantna i uznemirujuća jer inkarnira beskrajno ludilo na koje muškarac neće moći da odgovori.

Na prvim stranama *Seoba* Miloša Crnjanskog čitamo: „U noći, pak, čekao ga je pakao. Njen zagrljaj, njeni bezumni napadi, njeni dugi, neumorni prsti. Njena lepota, kraj vatre, nadzemaljska, njen pogled i njen plač, [...] on se njenom ludilu i krstio i čudio, pa i grohotom smejao." Strasna žena uznemiruje. Kod žene se toleriše erotizam ali ne i strast... strast jedne Fedre. To je nešto drugo i to ugrožava. Ženska strast ugrožava jer je čudna, to jest različita od muške strasti. U čemu? „Strastan čovek je kadar da transgresira tabue incesta ili da ubije onu koju voli. Pa ipak ni Otelo ni Cezar Bordžija nisu ludi. Ljubomorni da, možda razvratni." Žena je luda. No ni predmet strasti ni žestina ne optužuju ženu za ludilo. Pa šta onda? Samo to što žena ispoljava, govori o svojoj strasti predstavlja opasnost jer je znak odbacivanja represija. Fedra je luda – ali ona je jedina osoba zdrave pameti u apsurdnom svetu: zašto bi prikrivala svoju želju.

Jedno je neosporno. Čim se ženska strast izrazi, ona pokazuje svoju „neobičnost". Klodin Herman navodi primer: kada Zaza, prijateljica Simon de Bovuar, u *Uspomenama dobro vaspitane devojke*, otkrije svoju strast, ta se tako razumna knjiga odjednom dodiruje sa fantastičnim. Izjava mlade devojke postaje čudna. Zašto?

Frojd u jednom tekstu daje dobro objašnjenje: „To osećanje čudnog ne potiče nikada od nečeg što bi bilo odista novo ili neobično, već od nečeg što je dobro poznato i dobro etablirano u duhu ali je oneobičeno procesom represije. Ta referenca na faktor represije omogućava nam sada da shvatimo definiciju čudnog koju nudi Šeling: nešto što treba da ostane sakriveno ali se uprkos svemu pojavilo."

Svako zna da postoji želja žene ali videti je kako se javlja bez prikrivanja, stvara bizaran utisak koji je deo same suštine fantastičnog.

No, vratimo se još jednom pojavi veštice da bismo na kraju videli kako se ona može iščitavati „iskosa", sa „ženina mesta".

Sa stanovišta jedne kulturne istorije, veštica je manifestacija fantastične mašte kao subverzivne i alternativne misli koja se suprotstavlja svedenoj slici tela, otuđivanju od prirode i čulnog. Ona je sublimacija one vrste subverzivnog iskaza koji ustaje protiv moći i nasilja razuma jer predstavlja traganje za autentičnim doživljajem vlastitog tela (metamorfoze veštica), traganje za glasom prirode u sebi (veštica poznaje tajne prirode, bilja, određenu moć supstanci, tajni jezik), favorizuje izvanbračnu ljubav, uređuje beživotan prostor prigušen vladavinom religije. Veštica se javila kao mogućnost jednog govora nasuprot logosu i zato se može posmatrati kao jedna od etapa u genezi racionalnosti, kao vrsta psihoanalize objektivne spoznaje. Za nju se vezuju prvi počeci znanja (u Čajkanovića reč veštica vezuje se za znati), botanike, vegetativne taksinomije, duha medicine, sve zaronjeno u prostor zabranjenog. Istorija znanja počiva na inverziji: nauka je protu-nauka (tajna nauka, upućenost u tajni jezik, tajne supstance); za vešticu se vezuju emancipatorski pokušaji: lečenje bolesnika, kult mrtvih, organizacija praznika, komuniciranje energije slabima, opčaravanje). Sa vešticom se oslobađa ono Drugo, alternativno, zabranjeno, potisnuto, nesvesno naše kulture. Platonovski dijalektički logos, univerzalni razum koji je trebalo da osvoji prirodu i sve što je ljudsko, ostao je rob principa identiteta koji iz kulture potiskuje Drugo proglašavajući ga za kontradiktorno, konfuzno, izvor ludila i nemira i, konačno, kao nad-prirodno.

Istorija veštičarenja pokazuje da prvobitni subjekt spoznaje nije Isto (dakle razum) već Drugo, koje je otuđeno, demonijačko, delirantno, transgresivno. Znanje se u našoj kulturi doživljava i opisuje kao transgresija; počeci nauke se vezuju za revolt. Za Isto, Drugo je demonijačko, veštica, ludilo. Drugo, pak, jednom oslobođeno, postavši subjektom vidi Isto u prostoru sličnog, repeticije, prozračnosti, kopije, paralelizma. Pobeda racionalizma i početak njegove vladavine počinje ubistvom Drugog. U istoriji neprekidno prisustvujemo ubistvu Drugog. Veštice postoje da bi bile spaljene.

Njegova je hrabrost ukupnost svega što je potrebno da bi se život izvrgnuo ruglu. Čudovišta nisu nikad samo čudovišta; ona žive. Jedino je junak čudovište koje se igra sa životom protiv života.

Ani Leklerk

Ideologija nije samo repertoar sadržaja (mišljenja, ponašanja), ona je i gramatika stvaranja smisla, ulaganje smisla u značenjsku građu. Moć je, pak, ime koje se pozajmljuje složenoj strategijskoj situaciji u datom društvu. Sa stanovišta ovih dveju pretpostavki pokušaćemo da povodom Mišleove *Veštice* pratimo sliku tela, odnosno figuru ženskog kao jedno od tematskih polja koje je racionalizam, sputan strogom koncepcijom „morala" i „psihologije", utkao u čitav naš kulturološki diskurs; reč je o određenoj politici pogleda (viđenja) koja je ostvarena u ime žene, njoj u slavu, a zapravo predstavlja početak veštog potčinjavanja i potcenjivanja žene.

Sa racionalizmom počinje oblikovanje onih romanesknih predstava o ženi koje će bitno odrediti i obeležiti naš kulturološki diskurs. Naime, filozofi druge polovine veka prosvećenosti, čak i oni koji s najviše dobre volje prilaze ženi, završavaju tako što njenu sudbinu svode na „konstituciju", odnosno na telo. Nova racionalistička vizija žene temelji se ovoga puta na fiziologiji: ona će od žene načiniti bolesnika i roba. Dvosmislen pojam Prirode – te velike životinje na koju se uvek pozivamo iako ne znamo tačno šta je, kako je to govorio De Sad, zamenjuje staru metafiziku. Nova ideologija je još podmuklija od predubeđenja protiv kojih ustaje, jer pretenduje da se temelji na posmatranju i, želeći da bude rezultat nauke, svoju blagonaklonost i egzaktnost dokazuje neprestano nudeći naučna jemstva.

U prirodnom i neizbežnom podređivanju žene vlastitom telu, hor velikih mislilaca je gotovo jednoglasan. Reč je o novoj antropologiji koja će obeležiti viziju realne i romaneskne žene tokom sledećeg veka.

Stalno pozivanje filozofa na biologiju i mehaniku tela ima samo jedan smer: ono treba da podredi ženu određujući joj kao životni cilj brak i materinstvo.

Taj „novi“ diskurs niukoliko ne predstavlja „rehabilitaciju“ žene, kako se to čini na prvi pogled. Ma koliko da je pozivanje na telo i ono što danas nazivamo „seksualnošću“ bilo neophodno da bi se u pitanje doveo preterani „angelizam“ klasične misli i njena predstava žene, nova definicija ženske prirode ne udaljava se mnogo i radikalno niti od aristotelovskog diskursa niti od teološke definicije: tekstovi pisani u ovom periodu jasno pokazuju da pojam razlike teži pojmu inferiornosti i nejednakosti.

Novi kôd Prirode, za kojim posežu uglavnom svi, nastoji da definiše razlike dva pola pozivajući se na „očiglednosti“ fiziologije: žena se određuje kao nedostatak (snage, zdravlja, ravnoteže) i kao prekomernost (histerična žestina, uživanje, intuicija, senzibilitet).

Za Voltera, žena je fizički mnogo slabija od muškarca u svim poslovima i zanimanjima koji zahtevaju izdržljivost. Ruso pak zahteva, u ime prirodnih razlika, apsolutnu podelu poslova, jer bi njihovo spajanje ugrozilo čovečanstvo, a u isti mah kritikuje društvenu i prirodnu nejednakost zahtevajući uvođenje društvenog ugovora. Vizija žene od jednostavnog biološkog modela prerasta, uvek u ime Prirode, u projekat društvenog, političkog i moralnog zakona. Takvo zaključivanje suprotno je osnovnim aksiomima toga doba: aksiomu o uspostavljanju jednakosti izvan razlika koje su postavili Priroda i Društvo. Reč je o suptilnom diskursu koji će umnogome odrediti predstavu žene. Žena je podređena telu i pojedinačni događaji koji određuju njenu biološku sudbinu uvek su na nivou patologije.

Didro će izgraditi novu mistiku koja uzdiže ženu i ženski princip, kao što će to kasnije učiniti i Mišle, ali, do delirija insistirajući na specifičnosti žene, on će je u tu specifičnost zatvoriti. Didro ne samo da insistira na vezama između tela i afektivnosti, već i na vezama između tela i mišljenja. Dva muškarca koji su smatrali da je genijalnost muška osobina (Frojd i Mišle), a kojima se često pripisuje slika žene kao Večitog Bolesnika, preuzeće, s velikom nežnošću („naša jadna sibila") postulat: „Žena je rob slabosti i bola..."

Nad prekomernim i bolesnim bićem zakoni prirode ostvaruju ogromnu moć i ništa mu ne može pomoći da tu moć izbegne. Reč je o biološkom fatalizmu gde se priroda javlja kao supstitut neumoljivog Boga. Žena je inkarnacija subjektivnosti i imaginarnog, nešto što se ne da kontrolisati jer poseduje „bes divlje životinje".

Tako se gradi dvostruka slika žene: s jedne strane, prekomernosti tela, apsolutna slabost, s druge strane – čisto ludilo. Žena je nedostižna jer je fascinantna, i uznemirava jer izmiče definiciji. No, bez obzira na međusobne razlike, retki su mislioci koji ženu vide drugačije do definisanu njenom prirodom.

Posebno mesto u tom pogledu pripada Mišleu. Posebno, jer je on, smatra se, veličao i slavio ženu. On jeste slavio ženu, ali kakvu ženu? Treba, međutim, odmah reći da je Mišle, da citiramo Rolana Barta, čovek predubeđenja. Čitav njegov diskurs otvoreno proizlazi iz određenog izbora, vrednovanja sveta, supstance, tela: nema činjenice kojoj ne prethodi njena vrednost; smisao i činjenica dati su u isto vreme. Ljudsko telo postoji samo u odnosu na osećanje i odvratnost koju izaziva: to je u isti mah „erotsko (podrazumeva želju ili odbijanje) i moralno telo" – Mišle je za ili protiv zavisno od priznatih moralnih načela.

Pre nego što pređemo na analizu nekih Mišleovih shvatanja, treba podsetiti da „žensko" nije prirodna već retorička, analoška ili metaforička kategorija, zapravo metafora koja se vezuje za društveno-seksualni stereotip. Svojstvo ženske metafore jeste da na paradoksalan način imenuje muška svojstva: „kraljica" postoji, naravno, samo u funkciji kralja. Žena je, drugim rečima, prava metaforijska mera muškog narcizma.

U Mišleovom opusu, u kojem značajno mesto odista pripada ženi kao tematskom polju, oko žene se tka mreža opsesivnih motiva. Žena i njena ljubav vezuju se za pojam žrtve, za sklonost ka bolu ali i za transgresiju, incest i destrukciju režima (sistema). Pretpostavke bioloških i istorijskih nauka prepliću se sa življenim ili fantasmagorijskim seksualnim pretpostavkama Mišlea. Mnogo pre Frojda, Mišle gradi porodični roman na fonu jedne psihoanalitički obojene slike: želja majke, želja – strah od oca, zebnja pred ženom koja se doživljava kao nedostatak penisa, instinkt smrti...

Savršena demokratija, po Mišleu, jednaka je identitetu, odnosno nedrugojakosti. Svet, po njemu, doživljava neuspeh upravo na dihotomiji muško–žensko. Stoga Mišleovi tekstovi i jesu priča o borbi polova. Bračni odnosi nisu odnosi saradnje niti odnosi učestvovanja. Supružnici se bore za vlast, za podjarmljivanje drugog. Brak je neophodan muškarcu ali podjarmljivanje žene jeste jedino sredstvo odbrane. Iz Mišleovih tekstova probija žestina. U ljubavi prema ženi pomalja se strah od žene.

Po Žoržu Bataju, knjiga *Veštica* jeste posebna knjiga. Nju krasi šarm poetskog remek-dela koje govori o problemu Zla. No, o čemu zapravo govori delo *Veštica?* O vezi između erotizma, mazohizma i zabrane. Mišleova „zasluga" nije u tome što je govorio o politici, što je sabat vezao za seljački revolt, što je pustio narod da govori, već što je u *crnoj misi* prepoznao „ritual mrlje". Jasno je da knjiga govori o problemu incesta ali i o neizdiferenciranosti polova, obožavanju Falusa. Žena je oltar, ostija. Na njenom telu peče se sveti kolač. Ona se otvara za žrtvu, suočava sa „paklom patnji..."

Mišle je, dakle, svetu predstavio „prirodnu" to jest, „užasnu" ženu, kako bi rekao Bodler; biće čija je sudbina anatomija, biće koje potpuno zavisi od materice, tog „blagog organa koji je njen drugi mozak".

„Domaćica i kurtizana, ova gospodarica kuće voli bič, ljagu i Oca." Sve Mišleove odredbe žene „vraćaju Pepeljugu ognjištu, gde će ona i izgoreti".

Žena vredi samo onoliko koliko omogućava muškarcu da ostvari svoje biće muškarca. Muškarac, pak, i veličina – nerazdvojni su par. Sve što, s druge strane, muškarac ne radi u društvu, nije ga ni dostojno. A nije ga dostojno jer je prljavo, bolno, osrednje. No kako bez tih stvari nema funkcionisanja društva, one su ipak morale biti dostojne nekog: dakle – žene. Tu počinje devalorizovanje žene i artikulisanje njene inferiornosti – potcenjivanjem, preziranjem, odbojnošću prema svemu što joj se bilo tradicionalno bilo prirodno pripisuje. Sve što se tiče žene, lišeno je prave težine i širine; sve što se tiče njenog tela, predstavlja mrlju, patnju, preteranost, prokletstvo puti. No, ženu je najviše podredila vrlina, koja joj se obavezno pripisuje i koja se od nje očekuje. Sve što žena radi, mora da radi požrtvovano.

Po Mišleu, žena je anticivilizacija. Ona je hedoničar. Njen uticaj usporava civilizacijski razvoj. Ona je nesposobna za sublimaciju: njeno nad-Ja je slabo i održava se zahvaljujući strahu od udarca. Bez jakog upravljanja ona se prepušta svojim instinktima, koji su prevashodno seksualni. Ona ne zna ni za stid ni za skromnost. Tako Mišle uspostavlja vezu između seksualne želje i ludila. U svakoj ženi postoji potisnuta histerija, što se najbolje vidi u *Veštici*. Lišavanje čini žene „besnim od ljubavi". Uz pomoć medicine i hirurgije Mišle će sabatsku ljubav odrediti kao isključivo žensku. Žena želi „novi bol" sačinjen od okrutnosti i milovanja. Koit je sabat, i on je delo žene. Biologija, veli Mišle, pokazuje da veštica, sabat može da se javi bilo kad. Nijedna žena nije toga pošteđena, jer svaka u svom telu nosi simptome bolesti i smrti. Žena je uvek bolesna od seksa. Ona želi kastraciju ali je želi i za muškarca, koga voli i mrzi u isti mah. Tako se u brak i u društvo uvodi nered. Veštica koja je bila potisnuta, koju je autoritet muža držao poput zatvorenice, javno se prepušta sabatu. Ona uvodi razdor unutar društva, „neslogu", skepticizam i moralnu ležernost. Otuda seksualnu funkciju treba minimizovati u odnosu na produktivnu. Ženu treba slaviti kao majku. Sreća, po Mišleu, leži u braku koji ne daje prednost seksualnom zadovoljstvu već afektivnim odnosima; afektivni odnosi, pak, podražavaju infantilne odnose. Za bračnu sreću potrebno je da se žena materinski odnosi prema mužu, da od njega pravi svoje dete. Nostalgija za majkom je večna kod Mišlea. Žena je samo njen supstitut, uostalom neophodan za preživljavanje vrste. Ne samo da muškarac traži sliku voljene i izgubljene majke (potrebna je i fizička sličnost) već su i idealne godine žene godine majke. Stoga vaspitanje od žene treba da stvori buduću majku. Biti majka prerasta u određeni način života i požrtvovanosti. Ocu pripada ta uloga vaspitača mlade devojke: „podizati ženu znači podizati samo društvo". Muškarci nisu više samo sinovi svojih majki: oni su i očevi svojih žena.

Zadržali smo se posebno na nekim Mišleovim iskazima jer se oni prepoznaju u kulturološkoj slici žene u našem društvu kao i u diskursu koji joj je svojstven. Sa racionalizmom, odnosno sa Mišleom počinje „lukava podvala" koja će ženu svesti na ćutanje, koja će joj uskratiti njen jezik. Racionalizam – kada se uz pomoć nauke žena zatvara u sliku kakvu od nje stvara muškarac i kakva njemu odgovara – duboko će odrediti našu civilizaciju. Sudbina žene i njena slika, njena realna kao i romaneskna slika, počinje sa racionalizmom, da bi se sve do naših dana samo produbljivala. Sada kada žena pokušava sebe da progovara, moraće prvo da dovede u pitanje sve pomenute kategorije muške „racionalnosti".

To naravno neće biti lako. Ali će biti uzbudljivo i vredno rizika!

U LJUBAVI JA JE DRUGI

— Nešto si radila dok si me čekala?
— Ne. Samo sam te čekala. Bila sam op-
sednuta tvojim odsustvom. I tvojim pri-
sustvom...

Elza Triole

Papir koji omogućava da sebi govorimo
govoreći Drugom.

Simon de Bovuar

Jer pismo koje traga za primaocem pod-
razumeva potrebu da ga čitalac pročita.
Otvoreno i kao slučajno bez zaglavlja.
Savršen primer teksta „koji pati".

Elen Siksu

Nemoguć, neadekvatan, odmah aluzivan, mada se izdaje za direktan, ljubavni jezik je uzlet metafora: on je već po sebi literatura. **KRISTEVA** U ljubavi reč je o kontradikciji jer se suočavamo sa jezikom koji nosi svu beskrajnost smisla kao i pomračenje smisla. Ljubavna kušnja je iskušavanje jezika: njegove jednoznačnosti, njegove referencijalne i komunikativne moći.

Ljubavni diskurs odlikuje se nepouzdanošću svog predmeta. Govorimo li o istoj stvari kada govorimo o ljubavi? Šta je ljubav za mene/za njega? Može li se ljubav saopštiti? Nije li ljubav jedinstveni diskurs koji je moguć samo u prvom licu? Pravo imaginarno polje ljubavnog diskursa jeste pismo. Šta je ljubavno pismo? Želja da se drugi dosegne, da se ljubav kaže, da Ja bude Drugi. Istu situaciju prepoznajemo kao početnu situaciju pisanja. **KRISTEVA** Ljubav kao i pisanje jeste stanje nestabilnosti u kojem individua nije više nedeljiva, jedinstvena, stabilna: to je stanje u kojem ja pristaje da se utopi u Drugog/za Drugog.

U ljubavi ja je Drugi. „Deljiv, poništen ali zahvaljujući imaginarnom spajanju sa voljenim/om u ljubavi ja je u zenitu subjektivnosti. Ljubav je vreme i prostor gde ja sebi daje za pravo da bude izuzetno, neponovljivo", ono Drugo.

Pa ipak, pokušaću da govorim o ljubavnom diskursu. Ali ne bilo kom ljubavnom diskursu već onom koji je u osnovi epistolarne komunikacije: onom ljubavnom diskursu koji artikuliše i oblikuje pismo: ljubavno pismo. Pismo je prostor gde ja priziva Drugog, voli, pati, prerasta sopstvene granice, nadrasta svoje ja.

Pismena, epistolarna komunikacija odvija se na onoj tananoj granici između komunikacije i odsustva komunikacije, između usamljenosti i uspostavljene razmene, između želje koja traži svoje ispoljavanje i odsustva želje, između jednog prisutnog *ja* i odsutnog *ti*. Ja pokušava da natera drugog (bilo da govori, bilo da se povuče i ode) da uđe u igru smisla: ja želim da nateram drugog da govori, da kaže. Da kaže ljubav. Ja hoće da u ljubavnom polju uspostavi sistem (paradigmu) pitanja i odgovora. **BART** Da li me voliš? Izjave u pismu ne odnose se na poimanje ljubavi već na formu ljubavnog odnosa. Pismo je beskrajni komentar mog odnosa.

Pisati pismo znači odrediti se „u odnosu na jedno odsustvo" – sâm sam, drugi mi nedostaje. „Reći odsustvo znači reći: manje sam voljen no što volim." Reći ljubav? Kroz pismo ja nastoji da uspostavi dijalog sa Drugim, da ga uvuče u svoje imaginarno – ljubavno – jezičko polje. Pismo postaje ljubavna zamka.

Istorijski diskurs odsustva izgovara žena, piše Rolan Bart. Ona je nepokretna; ona ostaje, drugi odlazi. Ona čeka i piše. Žena piše da bi pisala, „da bi sebi olakšala", da bi se prepustila osećanjima, da bi se bavila strašću koju jezik podržava i konkretizuje.

Remek-delo takvog pisanja ili ženske strasti jesu *Pisma portugalske kaluđerice*. Kaluđerica Marijana napisala je nekoliko pisama čoveku koga je zavolela a koji ju je napustio: pisma izuzetne lepote, puna strasti i ljubavi. *Pisma portugalske kaluđerice* biće predmet našeg interesovanja pre svega kao prototip određenog shvatanja jezika: jezik, želja koja samu sebe želi: pismo kao polje zavođenja jezikom, zavođenje Drugog, zavođenje čitaoca.

Napuštena Marijana počinje da piše, pokušava da uspostavi dijalog sa ljubavnikom, da ga jezikom – željom vrati: da, uprkos odsustvu Drugoga a zahvaljujući lukavstvu jezika i igri imaginacije – ostvari osećaj prisustva:

„Čini mi se da sa vama govorim i da ste prisutni.“

Marijanina pisma završavaju neuspehom: neuspeh u ljubavi, neuspeh u komunikaciji. Njen glas se gasi u potpunoj usamljenosti manastirskih zidova. Neuspeh u komunikaciji samo pojačava početnu situaciju samoće, iz koje se rađa čin pisanja. Voleti predstavlja priču: priču koja ima svoj početak, sredinu i kraj, epilog. Voleti je priča koja se događa telima zaljubljenih. Strast Erosa najbolje se ostvaruje tek kroz lirski zamah priče. **DE RUŽMON** Ljubav je odmah, i pre svega, priča. Ljubavna strast je usmerena ka Drugom, subjekt pokušava da ga zavede, da uspostavi ljubavni odnos. U nedostatku Drugog – odgovor na pisma izostaje, instanca čitaoca postaje Imaginarno Drugo: svaki tekst je zahtev za ljubavlju. Svi tekstovi su fragmenti ljubavnog diskursa.

U Marijaninom slučaju ljubavnik odlazi. Odsustvo traje. Treba ga podneti. Marijana počinje da piše. Odsustvo ljubavnika postaje fon na kojem se tka fikcija: sumnje, prigovori, želje, melanholija. Jezička režija udaljava smrt Drugog.

„Ja sam eto zadovoljna i samim sećanjem na vas.“

„Žena čeka i piše.“ Odgovor izostaje. Stoga Marijanina pisma stalno osciliraju između virtuelnog dijaloga i monologa, između želje za komunikacijom i solilokvija, između samodovoljne usamljenosti i želje za Drugim. Pisma su od samog početka usmerena ka subjektu iskaza ukazujući na svoju narcističku, ogledalnu prirodu:

„Pišem zbog sebe a ne zbog vas, nastojim da sebi olakšam.“

Marijanin diskurs se dramatizuje unutar sebe u/kroz pismo: izjave ljubavi, upozorenja, žalbe, zahtevi, mržnja: ja – njegove želje, njegove strepnje i kolebanja – postaje građa sopstvenog diskursa. Pismo je solilokvij koji se hrani opsesijom prve ljubavi – fascinirajuće i paralizujuće. Mada su potekla iz želje za dijalogom, pisma prerastaju u neku vrstu unutrašnjeg monologa: subjekt govori samom sebi / za samog sebe.

„Monolog je podnošljiv kad mogu da kažem: govorim sama a ipak me čuju."

Na početku, Marijanina pisma pokreće ljubav prema voljenom čoveku. Kako vreme prolazi, Marijani je jasno da ona piše zbog sebe, iz želje da ljubav kaže, da voli, da voli ljubav. Ljubav prema voljenom čoveku prerasta u ljubav prema tekstu.

Pisma portugalske kaluđerice obuhvataju pet pisama koje je kaluđerica Marijana Alkaforada pisala oficiru francuske vojske, grofu Noelu Butonu. Francuska vojska je neko vreme boravila u Portugaliji, kojom prilikom se rodila ljubav između kaluđerice i francuskog oficira. No, kad je vojska napustila Portugaliju, otišao je i francuski oficir, da se više nikada ne vrati. U početku, on je napisao nekoliko „nevažnih" pisama „svojoj" kaluđerici, da bi je ubrzo potpuno zaboravio.

U prvom pismu Marijana piše nadajući se da će dobiti odgovor na svoje pismo. Pismo za nju predstavlja kontakt, moglo bi se čak reći: fizički kontakt. Ona je dobila pismo i mada joj se čini da je ono ispunjeno „nevažnim" stvarima, u tome ne vidi nikakav znak. Međutim, očekivana korespondencija se ne ostvaruje. Ipak, i pored ćutanja ljubavnika, Marijana pokušava da mu saopšti prirodu svojih osećanja. U trećem pismu ona se već ozbiljno pita zašto joj ljubavnik ne odgovara, ali i dalje želi da nastavi „dijalog". U četvrtom pismu Marijana počinje da shvata da piše zbog sebe, za sebe: njena strast draža joj je od samog ljubavnika. Ta svest o prirodi sopstvenog pisanja određuje peto pismo. Marijana nastavlja da voli zbog sebe: ona voli iz potrebe da voli, ona voli iz ljubavi prema ljubavi.

U tipu pisama kakva su „portugalska", naracija je „repetitivna i stereoskopska", kako bi to rekao Cvetan Todorov. Stereoskopska jer se jedan jedini događaj prikazuje više puta sa različitog stanovišta. Otuda se samo razumevanje ličnosti menja zavisno od interpretativnog sagledavanja prošlosti. Marijana je iskrena u svojim osećanjima ali njeno razumevanje same sebe se menja. Ona ponovo živi vreme zajedničke ljubavi, rađanje osećanja, ljubavnikov odlazak. Njenu lucidnost stoga doživljavamo kao dramu retrospektivne naracije koja se pred nama rađa i razvija. U svih pet pisama date su verzije odlaska ljubavnika, ali tek sad detalji Marijani postaju značajni, ona ih gotovo vidi, i interpretira.

Subjekt ljubav ističe kao vrednost. Pismo govori ljubav prema ljubavi. Ja želim moju želju i voljeno biće je samo njen oslonac. Tristan i Izolda su potrebni jedno drugom da bi zajednički izgarali u ljubavnom žaru: kod njih ne postoji želja za drugim kao takvim; želi se odsustvo da bi ljubav bila „nedostižna". Zadovoljavam se da želim ono što, budući odsustvo, ne može više da me rani. **BART** Želja je jezička zaraza, proizvod samog jezika, verbalni mimetizam. **DIRAS** Osećanje postaje realno tek sa činom govora. „Poverovala sam da želim da te volim. I volim te!"

U prvom pismu Marijana se obraća svojoj ljubavi. Govor se rađa u tišini, u usamljenosti manastirskih zidova, ogledajući se sam u sebi, naginjući se nad sopstvenim ogledalom, gradeći unutrašnji dijalog:

„Vidiš li, ljubavi moja, koliko ti je nedostajalo dalekovidosti. Nesrećnice, ti si izneverena, ali si i mene izneverila varljivim nadama. Naklonost na kojoj si izgradila toliko prijatnosti, sada ti donosi samo samrtno očajanje ..."

Muškarac odlazi i tu počinje drama, i literatura. Marijana se obraća svojoj ljubavi, pokušava da analizira sopstvena osećanja, da ih živi iz potrebe da voli. Tekst, jezik jeste taj novi prostor koji nastavlja ljubav, čini da ona traje: igrom reči, sintaksom, napetošću rečenice tekst omogućava ljubavi da se realizuje bez predmeta, bez drugog. Setimo se samo pisama Eloize Abelaru. Želja Eloize prema Abelaru, koja nikada više neće naći ostvarenje u realnosti, time se ne umanjuje, ona se hrani sopstvenim plamenom. Strast sa kojom Eloiza izražava svoju želju pokreće jedno pitanje: da li Eloiza želi Abelara ili želi da piše svoju želju. Nude li njena pisma sliku zaljubljene Eloize ili Eloize pisca ljubavi, svoje ljubavi.

> „U svečanosti mise, kada molitva treba da bude još čistija, opscene slike opsedaju moju jadnu dušu i okupiraju je više no sama služba. Umesto da patim zbog grešaka koje sam počinila, mislim uzdišući na one koje ne mogu više da počinim."

Tekst Eloizinih pisama jeste polje u kome odzvanja glas apsolutne želje jer je reč o želji koja nema svoj predmet: naracija je sama slika prekomernosti želje.

Ljubavni subjekt piše svoj ljubavni roman nošen željom da se ljubavno osećanje izrazi u „stvaralaštvu", u ovom slučaju u pismu. Dva moćna mita uverila su nas da ljubav može, mora da se sublimiše kroz estetsko stvaralaštvo: sokratovski mit (voleti služi rađanju gomile lepih i božanskih diskursa) i romantičarski mit (stvaranje besmrtnog dela opisivanjem svoje strasti).

Ljubavnik postoji samo na imaginarnom planu i „ja", suočeno sa svojom željom, stvara fikciju, diskurs koji se okreće samom sebi. Tako se stvara solilokvij neuzvraćene strasti koji se hrani sopstvenom supstancom. Taj autistički karakter ženske strasti nije samo i isključivo rezultat neuspeha dijaloga i odsustva ljubavnika.

Strast je od samog početka skrenuta s puta zahvaljujući svojoj imaginarnoj dimenziji: žena voli zbog sebe, ona voli iz potrebe da voli, ona voli iz ljubavi prema ljubavi.

„Ja sam vam namenila svoj život onog istog trenutka kada sam vas prvi put videla: i ja osećam nemalo zadovoljstvo da vam ga žrtvujem."

Marijana shvata da je sama stvorila svoju ljubav pripisujući svoja osećanja i nepostojeće savršenstvo izabranom biću.

„Ali meni je svejedno, ja sam odlučila da vas obožavam čitavog svog života i da ne volim nikog drugog."

Ljubav dakle može da traje čitavog života bez stvarne razmene. Iz te činjenice izveden je zaključak da je velika ljubav uvek nesrećna i da Drugog volimo tek kad on stane da nam izmiče. Ako u ljubavi postoji prava recipročnost, ljubav se troši i iscrpljuje. Mirno posedovanje oduzima vrednost onom što imamo.

„Moja ljubav više ne zavisi od vašeg odnosa prema meni."

Čin pisanja čini neophodnim eksteriorizaciju onog što osećamo i zahteva uobličavanje emotivnog sadržaja. To uobličavanje u slučaju *Portugalskih pisama* postaje zavisno od subjekta pisanja. Marijana analizira sebe, sudi o sebi, o prirodi svojih osećanja. Njeno napredovanje u lucidnosti ubija nastavak diskursa. Marijana postaje predmet vlastitog pogleda i ta spoznaja ubija njenu ljubav. Tekst pisama nam tako ne priča neki doživljaj, događaj, intrigu, on je sam taj događaj. Diskurs priče postaje sam događaj, bilo da je reč o sve većoj Marijaninoj lucidnosti u pogledu prirode sopstvene strasti ili o neuspehu komunikacije.

Poput ljubavnog diskursa, i diskurs literature nosi u sebi taj narcistički karakter sopstvenog iskaza. Literatura se rađa iz želje da se uspostavi dijalog sa svetom ali završava sopstvenim monologom, postaje svoj sopstveni predmet, ne upućuje na svet već na sebe samu, postaje ljubavna zamka, neodržano ljubavno obećanje.

Literatura nam, poput Drugog, stalno izmiče. I proces čitanja i proces pisanja jeste, pre svega, naš odnos s Drugim. Moja želja u literaturi pokušava da se realizuje kroz Drugog (tekst), da kroz proces fantazmacije nađe Drugog onakvog kakva sam ja sama. Kao želja, ljubavno pismo očekuje odgovor: ono jasno zahteva od drugog da odgovori na želju. S druge strane, ja drugog obmotava rečima, miluje ga (jezik uživa da se sam dodiruje), ja se beskrajno troši produžavajući komentar kojem je podređen ljubavni odnos. Govoriti zaljubljeno znači trošiti se bez kraja, bez krize. Međutim, sam nagon za komentarom ljubavnog odnosa menja smer. Na početku ja govori o ljubavnom odnosu za drugog. Kasnije, komentar konkretnog ljubavnog odnosa prerasta u apstraktni diskurs o ljubavi, u zavođenje jezikom. U sreću u jeziku: jezik uživa sam u sebi.

Ako, etimološki, zavoditi znači odvojiti, Marijana je zavedena samim činom pisanja, svesna da je odvajanje suštinski ispisano u zavođenju. Njena lucidnost jeste surovost u artoovskom smislu te reči. Surovost samog čina jezika govorećeg tela. Pismo treba da dramatizuje uspeh jezika, sreću čina govora. Zavoditi otuda znači stvarati srećan jezik.

Portugalska pisma poslužila su nam kao primer za određeno shvatanje literature, ono shvatanje koje polazi od stava da su svi temeljni filozofski diskursi zapravo ljubavni diskursi. Psihoanaliza nam je otkrila da je ljubav ta koja gradi prostor govora. Ljubav je privilegovano mesto strasti prema znacima: literatura je kondenzacija znakova, prostor njihove polivalentnosti. Sve priče, konačno, govore o ljubavi!

NAPOMENA:

U tekstu „U ljubavi ja je Drugi" pokušala sam da u *Pisma portugalske kaluđerice* učitavam Rolana Barta. Rolana Barta sam učitavala i u tekstove Stanislava Vinavera. Time sam htela da pokažem da je „pismo ta neutralnost, ta složenost, ta kosina kojom izmiče subjekt... gde se gubi identitet". S druge strane, u tekstove Rolana Barta upisivala sam Suzan Zontag i Juliju Kristevu.

Ali kome pisati? Koga zazivati. [...]
Kako nam je dragocen taj pogled koji bi
hteo da nas čita i samim tim omogućio da
pišemo ono što naše telo nosi.

Ani Leklerk

Knjiga Rade Iveković i Bogdana Bogdanovića *Eeji* je-
ste dobar primer epistolarne komunikacije u kojoj se, za
razliku od *Portugalskih pisama,* komunikacija ostvaruje
kroz dijalog i zajedničko ispisivanje.

„Svaka knjiga ima svoj centar, još jače, svoj epicentar, svoj hipo-
centar, ali nevolja je u tome što, ipak, nema svako svoju knji-
gu...“

Ovaj iskaz Bogdana Bogdanovića u knjizi *Eeji* svoje
pravo tumačenje ima u određenom teorijskom kontekstu.
Čitanje je relacija: u čitanju, čitanjem, tekst se konstituiše
kao književni: tekst „usmerava“ svoje čitanje; čitanje je
deo teksta i u njemu je ispisano.
Sam naslov – *Eeji* – kako je to često u modernoj lite-
raturi, može se uzeti kao neka vrsta uputstva za čitanje, od-
nosno kao metafora onoga što nam knjiga donosi. Naslov
Eeji odsustvom suglasnika s upućuje na eseje, ističući i
podvlačeći, upadljivošću odsustva, da je reč o esejima. U
nazivu eeji prepoznajemo ej – što je oznaka za doziv, po-
ziv upućen Drugom. Eji je množina i ukazuje na to da je
reč o više poziva. Knjiga je sastavljena od dvanaest opšir-
nih pisama koje su jedno drugom pisali Bogdan Bogdano-
vić i Rada Iveković: dakle, mnoštvo poziva upućenih Dru-
gom: da se drugi spozna, dosegne, uvuče u sopstvenu je-
zičku igru, da se pokrije mrežom jezičkih strategija. Raš-
članjivanjem uočavamo da u reči eeji postoji i sveza i: po-
stoji, dakle. Jedno i Drugo, u isti mah, bez isključenja i od-
stranjivanja, ravnopravno i različito. Je je kopula: mogli
bismo reći i Jedno je Drugo – postoji simultanost postoja-

nja i identifikacija (zamena mesta i uloga), što je pojačano postojanjem dva ee u naslovu, i što ukazuje i najavljuje temu udvajanja o kojoj će biti reči u knjizi: drugo je biseksualno, u njemu se jedno produžava tako što ga ne svodi na sebe sama već prima u svojoj različitosti. Drugo traži Jedno tamo gde ono jeste, ne uništavajući ga.

Kao što smo rekli, knjiga sadrži dvanaest pisama. Već u prvom pismu uvodi se tema očigledala. Za razliku od Marijane iz *Portugalskih pisama,* koja se ogledala u sopstvenim očima, odnosno u ogledalu svoje strasti, zaokupirana svojom zaljubljenošću u ljubav, ovde je izraz očigledala metafora za ogledalnu relaciju kakvu podrazumeva tekst.

„Eto, mi jedno drugome, prema Deridinom modelu, izigravamo naručioce. [...] Kome je namenjen neki tekst, to ne može a da ne utječe na njegov sadržaj. Tu je tajna 'interesa' i filozofije i pisanja uopšte. [...]"

Sagovornik nudi Drugom idealizujuće narcističko ogledalo svoje sopstvene želje prema sebi: tekst je ta ista relacija očigledala jer počiva na ogledalnoj strukturi smisla i refleksivnom kapacitetu jezika. U isti mah, tekst čitaocu nudi ogledalo njegove narcističke želje da se u tekstu ogleda, odnosno da ga, na svoj način (shodno svom viđenju i odražavanju), čita.

„U oku sagovornika, mislili su stari Indijci, živi čovečuljak, njegova minijaturna replika i (naš i njegov) svedok: sakšin – onaj koji ima oči jer je u očima [...]."

Na sasvim originalan način pisma postavljaju važno teorijsko pitanje: šta je pisanje: gde počinje i gde završava pisanje. Dok u *Portugalskim pismima* Marijana počinje da piše da bi sebi olakšala – kad jednog trenutka subjekt konačno odluči da odustane od pisanja, da se oslobodi svog ljubavnog stanja, on s tugom vidi da je otad izgnan iz svog Imaginarnog. Cena je: moj život za smrt Slike. Subjekt ostaje lišen ljubavnog jezika sa izvesnošću shvatajući jezičku prirodu svog ljubavnog osećanja. Ako se Marijanina ljubav strukturalno i simbolički predstavi kao odnos prema smrti, to jest kao prekid obećanja, onda njeno odustajanje od pisanja predstavlja rez u memoriji želje, odnosno čin zaboravljanja smrti. „Zaborav, piše Niče, nije jednostavno vis inertiae, kako to zamišlja površna misao: on je svojstvo aktivnog potiskivanja, i u tom smislu pozitivan." Ako je život uslovljen svojstvom zaboravljanja i ako, s druge strane, prekid obećanja, strukturalno, u pismima predstavlja čin zaborava smrti, onda se zavođenje i neprestano obećanje u jeziku čita kao afirmacija života, kao neprestano ponavljanje transgresije linije smrti: kao neprestano kretanje ka prevazilaženju postavljenih granica.

Ako je slediti odgovor koji nude *Eeji,* pisanje je samoispisivanje, „da se nabode onaj pravi". I u ovom slučaju pisanje za temu ima ja, ja je njegova vokacija i njegov izazov. Međutim, ovde pisanje služi subjektu da odredi granice sopstvene ličnosti, da ispita i utvrdi mogućnosti sopstvenog prevazilaženja, momenat gde ja postaje Drugo. Prepuštanje praksi pisanja jeste neka vrsta umnoženog kompromitovanja, neprestanog i neumornog. Ovaj odnos prema pisanju kao prostoru sopstvenog ispisivanja proteže se sve do poslednjih eseja, čiji je i sam naslov neka vrsta imenovanja suštine pisanja. Naslov poslednjih eseja je „Dvopisna škola".

„Tako je u istraživanjima I. R. konačno objašnjen i fenomen za koji se ranije mislilo da s vampirologijom nema veze, a to je pojava identičnih osoba i pojava 'biografije' tj. udvojenog pisanja, tj. dvopisivanja."

Poslednji eseji na neki način i na formalnom planu uvode kao književni postupak udvajanje ili pisanje u dve ruke. Reč je o ko-prisustvu i istovremenom postojanju dva pisma, zatim o njihovom preplitanju, presecanju.

„Čitanje je uvek prevođenje, i mi smo svi pre-vedeni. [...] U mojim tekstovima koje ste probrali [...] bilo je pomalo i Vašeg nevidljivog pisanja, uplitali ste mi se u posao. [...]"

Zahvaljujući formalnom postupku, problem udvajanja ličnosti javlja se i kao narativna tema. Kvadril je odeljak u kojem udvajanje ličnosti jeste metafora za umnožavanje tema, za uvođenje više glasova istog ishodišta, neka vrsta eha – sama knjiga se umnožava.

„Neograničeno, to je izmicanje vlasti jednoga, prvo udvajanje, dvojnost (i zdvojnost, zašto ne), dvoje, tò perisson, a time počinje i mnoštvo: granica između jedan i mnogo jest granica između jedan i dva."

U slučaju *Portugalskih pisama* pismo treba da dramatizuje uspeh jezika, sreću čina pisanja. Ali u svom prvobitnom impulsu pismo teži dijalogu i izraz je želje za komunikacijom sa drugim. Varajući jezikom i zahvaljujući igri imaginacije subjekt (u ovom slučaju Marijana) teži da ostvari senzaciju prisustva koje joj fizička realnost uskraćuje. Otuda se epistolarni dijalog oblikuje prema usmenom modelu nastojeći da stvori simulakrum neposrednog kontakta kroz različite verbalne interakcije poznate u dijalogu: izjave ljubavi i mržnje, upozorenja, žalbe, zapovesti, obećanja, zahtevi. Diskurs se „dramatizuje" jer se preplice sa psihološkom sadašnjošću subjekta. U svojoj usamljenosti Marijana se bori sa sopstvenim neizvesnostima i prepušta se suprotnim nagonima: iluzija/razočaranje, opravdanje/prigovor, revolt/rezignacija, griža savesti/odsustvo svake griže savesti...

U *Eejima,* pisanje je, izvan svake spoljašnje situacije, sopstvena motivacija. Postoji samo početna odluka da se piše. Ta situacija pisanja odmah je (uvodni tekst) definisana kao mreža odnosa između istog i njegovog pisanja, između pisanja i drugog (očigledala), pisanja i sveta, pisanja i jezika. Reč je o takvom shvatanju pisanja koje podrazumeva da čitava jedna aktivnost čitanja, dešifrovanja, interpretacije čini od sagovornika (od Dragog) skriptora, sopstvenog čitaoca.

> „KNJIGA im je izmenila topološku situaciju, promenila im mesta pod suncem i pod mesecom. On je, u toku pisanja knjige, postao ona, ona je postala on [...] ili su se čak udvojili, pa su se u prvoj polovini knjige našli ona i ona, u drugoj polovini on i on, a u trećoj polovini on i ona, ili anagramno – ona i on, i gledaju se kao u ogledalu on ona / ano no. [...]"

Još jedan momenat prepoznajemo kao zajednički današnjim razmišljanjima o pisanju ili pismu: to je stav da pismo rađa pismo. Pisanje je dopisivanje, ispisivanje, upisivanje, umnožavanje. Tekst je ispisivanje subjektivnosti, poigravanje jezikom i sopstvenom slikom, ludijski karakter pisma, uživanje u tekstu, element igre koji se razvija sve do simulacije. Pismo je autentični prostor traganja za sobom, za Drugim u sebi.

> „Plaši me što se u svakoj šesnaestici krije dvostruko udvojena (ženska) dvojka, a kada u svojoj svesti preslikamo dvojku mi (mi muški, prvenstveno) u čarobnom ogledalu ovog broja uvek vidimo onog drugog, tako jest ženu."

I na nivou konstrukcije i na planu stilskog izraza pismo predstavlja neku vrstu intelektualne igre dosetki, poigravanja, jezičkih igara koje se pokašto razvijaju u čitave stilističke vežbe.

> „Bogdan je agresivan anarhoastigmatičan abrakadabrantan aberantan alelujav autoerotičan – aritmoman."

Igra fikcije koja predstavlja osnovnu narativnu mrežu što povezuje i čini jedinstvenim pisma, u stilskom pogledu gradi se na jeziku: ponovo se čuju vlastite reči i one drugih, preuzimaju se iste reči (u vidu citata): drugi ponavljaju iste reči, ponavljaju vaše ime, variraju ga, anagramatski dekonstruišu. Ta koagulacija jezika podrazumeva stalnu aktivnost manipulacije. Biće vidi sebe kako piše pismo „okrećući na hiljadu načina sva rezonovanja kao što bi to uradio Drugi"; ta manipulacija podrazumeva izlaženje iz sebe, neku vrstu prolaženja kroz ogledalo (Drugog).

Narativno tkanje počiva na specifičnoj ekonomiji istog i drugog, koja smešta, premešta, zamenjuje reči onako kako bi to uradio Drugi: tekst realizuje problem: ja kao Drugi.

„Mnoštvo praznih odaja čeka na imenovanje, namjenu [...] možda ako stvar uspije, uzmognem da pomislim Vašu misao, a Vi moju."

Tekst se kreće uvek između jednog pisanja i jednog čitanja, tako što uloga Drugog jeste uloga prevodioca, učitelja čitanja. „Da bi se interpretiralo, treba navesti drugog da govori." Govor na taj način postaje predstavljanje drugog.

Posebno mesto u tkanju uspostavljene komunikacije pripada upotrebi vlastitih imena: RADApa RADA ili RAda PA Rada, Bogdan Brojdan. Poigravanje vlastitim imenima, njihova dekonstrukcija ili anagramatsko iskazivanje vezuju se za želju i uživanje. Psihoanaliza se posebno bavila tim problemom pokazavši nam da je vlastito ime kraljevska aleja subjekta i želje. Gotovo da bi se moglo govoriti o ljubavnom i enigmatskom odnosu sa vlastitim imenom, uključujući i sopstveno. Kretanje teksta prati čisti fonetizam imena, njihovo poetsko, semantičko punjenje.

U kompozicionom pogledu, pismo je neka vrsta fragmenta i sled pisama ne počiva na nekoj čvrstoj organizaciji. I *Portugalska pisma* karakteriše izuzetna fragmentacija narativnog plana; međutim, poredak fragmenata određen je različitim Marijaninim stanjima u trenutku pisanja. Otuda preovlađuje dramski plan, narativnog gotovo da i nema. Ispričana priča rasuta je u različite elemente i grupiše se u kolekciju motiva koji gravitiraju oko reči-ključeva: zavesti, oduševiti, zapaliti, zadovoljstvo, brige; ove reči-ključevi vezuju se pak za sentimentalna i psihološka Marijanina stanja. Tako pisma postaju neka vrsta drame retrospektivne naracije koja se odvija na dva vremenska plana: sadašnjost (odsustvo ljubavnika i napuštanje Marijane) i prošlost (prostor sreće). Interesovanje čitaoca se tokom pisma premešta sa samog sećanja na čin prisećanja. Ovaj postupak tipičan je za moderan epistolarni žanr – jedna narativna instanca prevrednuje totalitet priče i uspostavlja sebe kao vremensku, ritmičku i psihološku repernu tačku. Gotovo muzička orkestracija motiva prati uporedo dva dramska razvoja: razvoj njihovog ljubavnog odnosa i razvoj i progresiju Marijanine svesti o prirodi ljubavi. *Portugalska pisma* zato i spadaju među najlepša ljubavna pisma: spajaju strasnu egzaltaciju osećanja i izuzetnu lucidnost.

I u jednom i u drugom primeru fragmenat odgovara muzičkoj ideji ciklusa. Kao i u muzici, svaki je komad dovoljan sebi (pismo s naslovom „De gustibus" posebno je objavljeno) a ipak je svaki samo međuprostor (pauza).

Fragmenat ima još jednu vrlinu. Osim velike kondenzacije smisla, mudrosti ili istine, on podrazumeva i veliku kondenzaciju muzike: tembr.

Počivajući na pozitivno uspostavljenoj komunikaciji, pisma u *Eejima* grade knjigu u kojoj se „imaginarno", u onom smislu na koji nas je navikla savremena teorija, odmotava, razotkriva poput štofa, gde se tkanina osipa: naracija je tkanje, dolaženje i odlaženje, približavanje i napuštanje subjekta, dolaženje i odlaženje Drugog.

I najzad, na tematskom planu knjiga pokreće još jedno bitno pitanje: pitanje određenja prijateljstva. Prijateljstvo je privilegovan odnos, glas čiji se „grain" ne može ni sa čim porediti. Prijateljstvo je jedinstvena sfera, blagi mir volećih ruku, jedini prostor na kome nismo ugroženi.

Tekst je aktivnost Erosa, aktivnost zavođenja. Tkanje teksta prati putovanje želje, udvaranje, zavođenje. Telo je u stanju pripravnosti, traganja u odnosu na sopstvene želje. Zavođenje podrazumeva temporalnost, ono naglasak stavlja na susret koji poseduje tu privilegiju da je antiprirodan, antiponavljanje, ono „prvi put".

Kompozicija čitavog dela ispoljava se kroz dvostruku figuru. S jedne strane, knjiga se razvija prateći pravu liniju kretanja teksta: obogaćivanje, rašćenje teksta, ideja, pozicija, ukusa. S druge strane, postoji jedno zig-zag kretanje teksta, poput reaktivne energije, „reč je ipak otpor", otklon, odustajanje, suprotstavljanje, kretanje koje oblikuje slovo Z. No ne treba zaboraviti da je Z đavolovo slovo. Tu počinje pravo zavođenje.

PISATI – POSTAJATI DRUGIM

Pisati, to je postajati, ali nikada postajati piscem. To je postajati (nečim) drugim.

Biti izdajnikom vlastitog carstva, biti izdajnikom vlastitog pola, vlastite klase, vlastite većine – kakvog bi drugog razloga za pisanje još moglo biti?...

Žil Delez

ZAVOĐENJE – DISKURS NEISPUNJENIH OBEĆANJA

Dugo je pojam zavođenja bio jedan od onih „problematičnih" pojmova koji su isključeni iz oficijelne kulture. U našem kulturološkom polju još se, neretko, za strategiju zavođenja vezuju konotacije kao što su zlo, đavo, veštice... Zavođenje je nešto što nije prirodno, nešto „umjetno" i kao svako umeće (odnosno lukavstvo), nešto što se oslanja na znakove i rituale. Otuda svi veliki sistemi produkcije i interpretacije isključuju pojam zavođenja iz svog semantičkog polja. Za sve ortodoksne sisteme, ono je i dalje „urok", crna magija odvraćanja od smisla, urota (zavera) i egzaltacija znakovima. No, iako izvan kulture i velikih sistema, zavođenje i dalje ugrožava svaki poredak, bilo da je to poredak produkcije ili poredak želje. Svakom diskursu preti ta iznenadna reverzibilnost i obuzetost vlastitim znacima, uz odstranjivanje smisla. Zato one discipline koje za aksiom imaju koherentnost i svrhovitost svojih diskursa, moraju da odstrane zavođenje iz svog pojmovnog polja.

Čitava kultura nas je ubedila da je zavođenje amoralan, frivolan, površan poredak znakova i privida (spoljašnjosti) „usmeren ka zadovoljstvu", ka trošenju. Uvlačeći nas u čistu igru spoljašnjosti, zavođenje izigrava i podriva sve sisteme smisla i moći, pokazujući da su svi znaci reverzibilni i da ne postoji pretpostavljena dubina ni realnog ni bića. Na taj način ono se zamera intelektualnom jeziku koji, podlegavši moralizatorskim imperativima, odbacuje kategorije uživanja i sreće.

No, šta ako tok stvari i promene sveta nisu određeni produktivnim snagama, kao što su nas učili, već se sve kreće u znaku zavođenja? Šta ako je zavođenje, ta uvek skandalozna intervencija ljubavi u teoriji, uživanja u spoznaji, jedini mogući put ovladavanja simboličkim svetom? Danas je jedina moguća avangarda zapravo teorija. Pod pritiskom politike i intelektualaca, danas su avangardni stavovi (i njihovo izlaganje), ne nužno sama dela. Zato nam se čini da su u ovome vremenu „zavodljivi" oni mislioci koji su u svoje lično polje uneli pojmove kao što su sreća, zadovoljstvo, uživanje, zavođenje. Zato ćemo i nastojati da pokažemo šta radi tekst koji se na „književni" ili „filozofski" način, teorijski ili retorički, poziva na „zavođenje", koja je njegova ekonomija smisla, manevar, strategija, pitanje. Uvođenje ovog pojma, pak, u „naše interpretativno" polje zahteva i nove moduse čitanja i poimanja, bilo književne bilo filozofske stvari. Kao primer izabrala sam francuskog teoretičara, mislioca, „javnog pisca", „romansijera" Rolana Barta. Izabrala sam ga jer kod njega postoji izražena sklonost ka paradoksu, gotovo donžuanovski odnos prema idejama, auto-subverzivna svest o rezu, promišljanje odnosa tela i jezika, pokušaj da se pojmovi sreća, uživanje, zadovoljstvo, uvedu u teorijsko polje govora o literaturi i, najzad, diskurs zavođenja, „diskurs obećanja i to neispunjenih obećanja". Bart nije verovao u sopstvena obećanja teorije, u obećanja smisla. Razarajući sopstvena obećanja, početne hipoteze (strategija zavodnika) – stalno ističući tu nemogućnost da se gradi smisao i da se u njega veruje – on nastavlja da nas zavodi, ne obećavajući nam ništa drugo do da će i dalje obećavati... A šta drugo literatura i jeste do upravo to stalno obećavanje...

Možemo reći, parafrazirajući Bartove reči o Filipu Solersu, da je Bart svojim „oscilacijama" zapravo doveo u pitanje tradicionalnu ulogu intelektualca danas. „Jer otkad postoji kao društvena figura (to jest od XIX veka i od Drajfusove afere), intelektualac je jedna vrsta uzvišenog Zastupnika Ispravnih pobuda..." Čitavo Bartovo nastojanje jeste samo uporni i strasni pokušaj da se dovede u pitanje postojanje jedne figure mirne savesti (neodgovornosti) – svojom ličnošću Bart, na primer, zahteva promenu poimanja savremene ličnosti. Ličnost je danas neautentična pa je i savremeni diskurs neautentičan. Biće nije više stuština. Svedoci smo raslojavanja, rasipanja ličnosti, koje više ne priznaju strukturu smisla: i „Ja nisam kontradiktoran, ja sam rasut", reći će Bart. On se uporno i gotovo grčevito borio protiv svake definitivne slike o sebi. Po njemu, savršenstvo ljudskih odnosa zapravo je u toj nepostojanosti, varljivosti slike. Sled naših ponašanja mora biti uvek otvoren – „u meni ne postoji ništa definitivno". Treba stalno izbegavati, izigravati ili nepouzdanom činiti svaku paradu (ispravni smisao), vladanje sobom, zastrašivanje. Poput Žida, Bart je više voleo nekoherentnost no red (sistem), koji nas izobličava i mobilizuje. „Umesto ideje o jedinstvenom subjektu, više volim igru kaleidoskopa. Jedan udarac i stakla zauzimaju drugi poredak." „Previše slobode uzima sebi onaj ko strukturira istoriju nečijih aktivnosti pomoću reči kao što su namere"; Bartu prebacuju zbog „donžuanizma", nestalnosti, nedoslednosti sopstvenim počecima, neverstva. „Prigovor koji se upućuje onom ko nije održao obećanje."

Optuživali su ga da je menjao mišljenja na neodgovoran način, da nije bio koherentan i da nije imao sistema. Njegov odnos prema idejama je gotovo donžuanovski. On je zaljubljen u promenu, u zadovoljstvo promene. Postoji kod Barta svesno oslobađanje duha u istom onom smislu o kojem govori Didro u *Ramoovom sinovcu:*

„Razgovaram sam sa sobom o politici, ljubavi, ukusu ili filozofiji. Dajem svom duhu potpunu slobodu. Ovlašćujem ga da prati prvu mudru ili ludu misao koja se pojavi."

Tu istu slobodnu igru ideja prepoznajemo i kod Barta. „Menjati ideje, doktrine, teoriju, metod, uverenja, ma koliko izgledalo spektakularno, zapravo je veoma banalno: to se radi kao što se diše." Svoju „neodgovornost" prema idejama opravdavao je jednim stavom: „ne prianjaju mi srcu jer ne prianjaju telu". Idejama duha stalno je suprotstavljao „ideje tela": „[...] moje telo nema iste ideje kao ja".

1975. Bart je pisao: „Intertekst nije nužno polje uticaja: to je pre muzička figura, metafora, reč." Ovaj iskaz ukazuje na osnovni Bartov kritički topos. U tekstu objavljenom u „France Observateur" – „Ja ne verujem u uticaje" – on govori o „kontaktu jezika", sintagmi koja će se u različitim vidovima, kroz različite metafore, provlačiti kroz njegovo delo: „krađa jezika", „piratstvo", „ukradeni jezik". „Sve ovo treba shvatiti kao da govori lik iz romana, ili možda više likova."

Trebalo je sačekati 1975. godinu da bismo od samog Barta saznali da on ne veruje u sopstvene ideje. Ništa nam u tekstu „Šta je kritika" ne ukazuje da on ne stoji iza onoga što tvrdi, da je sve to samo „krađa jezika". Ako unutar svakog pojedinačnog teksta pojedine njegove iskaze možemo da prihvatimo kao izraz njegove misli, već na nivou celine tekstova otkrivamo da to nije tako, primećujemo da on stalno menja svoju teorijsku poziciju. Dovoljno je da jednu ideju formuliše pa da ga ona već više ne interesuje. No, te konstantne promene kod Barta ne objašnjavaju se njegovom „ležernošću" prema idejama, već sasvim drugačijim stavom prema njima. Budući „javni pisac" (scripteur), Bart se trudi da za svaku ideju nađe najbolju formulaciju, što ne znači da je i prihvata. Uostalom, takav svoj stav najbolje je opisao u knjizi *Rolan Bart...* Njegovo pismo je „krađa jezika"; u odnosu na sisteme koji ga okružuju, njegovo delo predstavlja neku vrstu „sobe odjeka". On preuzima misli ali je njihov samovoljni tumač, zaziva pojmove ali je loš sledbenik, voli ekstenzije i redukcije, neologizme i paradokse. Ovu vrstu „indiferentnosti" prema idejama Bart je nadoknađivao radom na rečima. Celokupno njegovo delo jeste jedna velika jezička „taktika bez strategije". „Sve ovo, pisao je Bart, treba shvatiti kao da govori lik iz romana, ili možda više likova."

Reč „roman" nije slučajno upotrebljena. Ovakav odnos prema idejama upravo nas podseća na roman fikcije. Likovi govore, mada se autor ne identifikuje sa onim što oni kazuju. U odgovoru u intervjuu u „Tel Quelu" Bart kaže: „Sebe ne smatram kritičarem već romansijerom, skriptorom odista ne romana već romanesknog..."

Put koji je Bart prešao jeste zapravo jedno anagoško kretanje ka istini tela, teksta i društva u čijoj je osnovi pozivanje na vrednosti kao što su mudrost i ukus (saveur) i poverenje u individuu kao kognitivnu i hedonističku vrednost.

Bart pripada tradiciji za koju u ovo naše vreme nema pravog imena. Onoj tradiciji, reklo bi se, koju je De Kinsi, poigravajući se dvostrukim smislom reči sapiens, nazvao retorskom tradicijom, a koju karakteriše spoj intelektualizma i seksualnosti. Poredio je predavanje sa igrom, čitanje sa erosom, pismo sa zavođenjem... „Tekst je, za Barta, samoizronjavanje jezika i zato unutar samog jezika treba skretati, zavoditi jezik..." Njegova odbrana bila je: nikada ne biti tamo gde te očekuju, nikada ne biti na istom *mestu"* – reč je o stalnom bežanju, konstantnom izlaženju s onu stranu sebe sama, o neprestanom obnavljanju obećanja i gomilanju neispunjenih obećanja. Stalno obnavljanje prava na individualno potvrđivanje, shvatanje pisma kao oblika sreće: neprestano zavođenje. Pismo je uvek perverzija jer se smešta na stranu uživanja. Perverzija je neprelazna: njena najjednostavnija forma jeste ljubav bez rađanja. Otuda je tekst prostor zavođenja. A da bi se zaveo drugi, potrebna je avantura: avantura subjekta, njegovo poništavanje, njegovo prevazilaženje. I potreba pisanja i potreba čitanja nalaze isti imenitelj u „odnosu žudnje koji je temeljno odnos s Drugim".

Bart je razvijao retoriku zavođenja: predavanje je ljubav (eros) i kao ljubav postaće obećanje, čin koji obećava želju i zadovoljstvo. Zadovoljstvo, kategorija želje, mnogo je subverzivnije od distance, kategorije cenzure. Njegovo naukovanje jeste naukovanje o želji: teorija želje koja nastoji da, pre svega, komunicira želju za teorijom. U tom smislu svi Bartovi tekstovi jesu fragmenti ljubavnog diskursa.

Bart čitaoca stalno poziva da isproba ukus reči ili ukus znanja, da učestvuje u zadovoljstvu, uživanju u gozbi jezika, u radosti otkrića. Njegov odnos prema jeziku podrazumeva ludijsko-teatralne konotacije. Reč je o zadovoljstvu u igri, o zadovoljstvu i uživanju u kretanju, gomilanju, odvijanju reči, zadovoljstvu. Jezičke figure, njihova strategija, njihove rezonance i ludička energija poziv su na učestvovanje koje podrazumeva zadovoljstvo i želju za jezikom. Jezik je čin izazivanja i zazivanja Drugog. Zadovoljstvo u tekstu, govorio je Bart. Zadovoljstvo u tekstu pretpostavlja postojanje perverznog mesta gde jezik radi nizašta (uvek ta nepredvidiva aktivnost trošenja). Jedan takav rad oličava samu praksu pisanja čija snaga ukida svaki metajezik.

Po Bartu, nijedna teorija nije definitivno tačna: „Sama nauka o želji, psihoanaliza, moraće da umre jednog dana iako joj mnogo dugujemo [...] jer želja je jača od svoje interpretacije."

Taj blagi skepticizam, to odsustvo fanatizma predstavlja pravu taktiku koja neprestano poboljšava oruđe kritike. Takav Bartov stav imao je dve korelativne posledice: princip neverovanja i pravo na često odustajanje. U tom svom relativizmu video je odraz unutrašnje disperzije ličnosti. On koji se uvek divio Brehtu, poziva se na neke njegove stavove kada pokušava da objasni tu pluralnost svoje ličnosti: „Kako bih bio sretan da na sebe mogu da primenim ove Brehtove reči: 'Mislio je u drugima, u njegovoj glavi mislili su drugi. To je prava misao.'" Priznati druge kao sebe, druge u sebi, to je, po Bartu, početak pravog mišljenja.

Literatura nam uvek i iznova govori o sebi. Ona obećava smisao ali smisao izostaje; čitava literatura je tvrdoglavo irealistička: ona smatra da je želja za nemogućim razumna, ona neće da se pomiri s tim da ne postoji paralelizam između realnog i jezika. Literatura je sama nemogućnost da se održi obećanje smisla, da se predstavi realno, nemogućnost da se i dalje veruje u smisao; i mada svesna ove nemogućnosti, literatura i dalje obećava, zavodi obećavajući nemoguće.

U misao o jeziku Bart je uneo dimenziju uživanja za razliku od spoznaje. Njegov intelektualni put sledi model anafore – stalno ponavljanje početka. „Vita nuova...“, piše Bart u svojoj pristupnoj Besedi u Kolež d Frans. U njegovom delu istraživanje se ne ostvaruje kao kraj: zadovoljenje nije nikad dosegnuto. Kako, uostalom, doći do istine o onome što, kao takvo, dovodi u pitanje samo načelo istine?

Bart je stalno pokušavao da razori paternalističku logiku identiteta, to obećanje koje u sebi krije metafora. Paradoksalno, ali tek neispunjeno obećanje čini mogućim ponovni početak: zato što ljubavno obećanje – naukovanje kao ljubav – nije održano, ono može da se obnavlja. Figura početka jeste u isti mah figura ne-dovršavanja. Vernost je prihvatanje kraja, smrti. Nove naklonosti predstavljaju i novo rađanje. Smrt se prevazilazi iskustvom novog rađanja. Simbolički, reč je o istoj strukturi. Vita nuova.

Nevernik, mitski zavodnik ne dozvoljava da ga sopstveni mit zavede, odbija da se prepusti jeziku, da mu poveruje, da upadne u ljubavnu zamku, da poveruje u obećanje smisla.

„Cilj mog diskursa nije istina“, govorio je Bart. Bio je čovek paradoksa. Svestan evolucije kroz koju je prošao i prigovora koje su mu upućivali, objašnjavao ih je dvostrukim svojstvom svoje misli: reč je o dijalektici koja ima dva člana: opšte mišljenje i njegova suprotnost. Doxa i paradoxa, stereotip i novina. Svaki njegov novi diskurs javlja se kao paradoks u odnosu na prethodni, ili bar onaj koji postoji uporedo s njim. Da bismo dobro shvatili Barta, uvek treba postaviti pitanje kojoj se Doxi suprotstavlja. Primeri su mnogobrojni. Pojam intertekstualnosti kod Barta nije pozitivan po sebi: on služi da pobije zakon konteksta. U jednom momentu postupak dokazivanja bio je Bartova najviša vrednost, ali ne kao egzaltacija objektivnošću već kao brana ekspresivnosti „buržoaske umetnosti“: ambiguitet nije prosto preuzet iz New criticisma, on Barta ne interesuje kao takav: to je samo ratno oružje protiv filološkog zakona, protiv univerzitetske tiranije ispravnog smisla.

Čitavo Bartovo delo može se svesti na tu veoma pojednostavljenu sliku opozicije Doxa/paradoxa. Postoji opšte uverenje (ili doxa); da bi mu se suprotstavio, Bart se opredeljuje za njegov paradoks: kada se taj paradoks nametne i sam postane nova konkretizacija, odnosno doxa, Bart ide ka novom paradoksu.

Počeo je demistifikovanjem društvenih odnosa, lažne Prirode, odnosno svega onog što se, iako proizvod kulture, izdaje za Prirodu. Zatim, kada je ta demistifikacija počela da okoštava, okrenuo se semiološkoj nauci, koja je trebalo da analizi mitologije obezbedi metod; ali onoga trenutka kada želju za semiološkom naukom zamenjuje nauka („najčešće tužna") semiologa, Bart traži novo zrno želje, vraća se telu: to je teorija teksta. I tako, uvek iznova, Bart se borio s jezikom kao prostorom servilnosti i moći, suprotstavljajući disciplinovanoj strogosti sopstvenu an-arhičnost i strasnu igru, rečima, odnosno literaturu kao „spasonosnu prevaru, bekstvo, sjajnu varku, jedini jezik izvan moći..."

„Istinitost ili lažnost [...] jesu reči koje ne označavaju relacije, svojstva [...] već dimenziju vrednovanja zadovoljstva ostvarenog rečima: mere u kojoj su reči zadovoljavajuće u odnosu na činjenice [...] na koje se odnose." Naš odnos prema svetu iskazuje se kategorijom zadovoljstva, jer zadovoljstvo, kategorija želje, mnogo je subverzivnije od distance (objektivnost, koherentnost), kategorije cenzure.

U poslednjim tekstovima, Bart kaže: „U poziciji sam onog ko nešto radi a ne više onog ko govori o nekoj stvari: ne proučavam jedan proizvod već preuzimam produkciju; ukidam diskurs o diskursu; svet mi se više ne vraća u obliku predmeta već u obliku pisma, to jest prakse; prelazim na drugi tip spoznaje (spoznaju Amatera). [...]"

Profesor, pisac, Bart je znao da zagovara diskurs modernosti. Znao je da pronađe poziciju distance, da ostvari lucidnu i muzički tačnu analizu da bi govorio o igri, o neophodnoj i bezrazložnoj polifoniji verbalnih znakova, o umetnosti kao tehnici i kao etici. Takvo jedno osluškivanje imanentnosti stila i njegove disolucije jeste možda temeljna garancija za jednu skromno suverenu interpretaciju.

Bio je Bart pedagog, čovek od pera, moralista, filozof od kulture, poznavalac ideja, protejski čitač sebe sama. Usamljeni šetač kroz veliku tradiciju i mnogo veći pisac no što to i njegovi najverniji sledbenici shvataju.

Sada se evolucija Bartovog dela čini sasvim logičnom: njegove prve i poslednje reči ticale su se istog sižea – dnevnika piščevog. U prvim svojim tekstovima Bart ističe model svesti koji je otkrio u Židovom dnevniku. U knjizi *Incidenti,* nedavno objavljenoj, i sam vodi dnevnik. Ta simetrija, ma koliko se činila slučajnom, savršeno mu je svojstvena. Jer Bartovi spisi, ma koliko raznoliki bili, imaju samo jedan siže: samo pismo. I pored toga što je njegov doprinos nauci o znacima i strukturama veliki, Bartov poduhvat bio je u suštini književni poduhvat: organizacija teorije sopstvenog duha.

„Književnost je kao fosfor, pisao je u svojoj prvoj knjizi, ona najviše sija u momentu kada počinje da se gasi." U poslednjim knjigama prepoznajemo sve osobine Bartovog stila. Nije voleo dugačke forme. Njegova rečenica je složena, opterećena zapetama i usmerena ka dvema tačkama, nabijena lancem ideja koji se izražava gustim jezikom. Njegova proza je aforistička. Taj aforistički talenat otkriva nadareni senzibilitet i formalistički temperament. Suština jednog takvog senzibiliteta jeste poverenje u kriterij ukusa i ponosno uverenje da sve mora da ima oznaku subjektivnosti. U poslednjoj svojoj knjizi, *Incidenti,* on je, u formalnom pogledu, još smeliji: sve što piše organizuje se pre na serijalni no na linearni način. Njegov glas je postajao sve ličniji, isticao sve više svoje „zrno" i svoje incidente.

U svojim poslednjim spisima neprestano je odbacivao ulogu nekog ko gradi sisteme, ulogu autoriteta, mentora, eksperta, rezervišući sebi privilegiju, i slobodu, uživanja, naslade. Neprijateljstvo prema stvaraocima sistema jeste, već čitav jedan vek, crta dobrog intelektualnog ukusa: Kirkegor, Niče, Vitgenštajn spadaju među one mnogobrojne glasove koji u ime uzvišene jedinstvenosti proklamuju apsurdnost sistema. U svom modernom obliku preziranje i odbacivanje sistema jeste jedan vid negiranja Zakona i same Moći (vlasti). U jednom starijem i blažem obliku, to odbacivanje deo je skeptične francuske tradicije od Montenja do Zida. Sa tim odbacivanjem razvila se specifična moderna stilistika čiji se počeci vezuju za Sterna i nemačke romantičare: u domenu fikcije to je antilinearna priča, to je destrukcija „istorije", napuštanje linearnog razvoja u eseju, što je odvelo redistribuciji žanrova fikcije – od autobiografije do eseja. Za romantičarski i postromantičarski senzibilitet autor se predstavlja: pisati jeste pozorišni čin određen pozorišnom elaboracijom. U knjizi *Rolan Bart po Rolanu Bartu*, autor biografije se čas označava kao „ja" čas kao „on". „Sve to, kaže Bart već na prvim stranama knjige, treba da se posmatra kao da je izgovorio lik iz romana." Metakategorija predstavljanja pokriva i briše ne samo granicu između autobiografije i fikcije već i granicu koja odvaja fikciju i esej. „Neka se esej gotovo izdaje za roman", kaže on u *Rolanu Bartu*. Pismo uvodi nove forme dramske napetosti, koje za svoj predmet imaju „ja". Pismo je sama inkarnacija prinuda i otpora pisanju, pismo postaje piščev siže.

Bart je uvek tražio nešto novo. U slučaju Mišlea, praveći inventar metafora i tema koje se ponavljaju u epskim pričama velikog istoričara, Bart otkriva mnogo intimniju priču: istoriju Mišleovog sopstvenog tela i „lirsko uskrsnuće prošlih tela". On uvek traga za „drugim" smislom, uvek za još ekscentričnijim diskursom, gotovo utopijskim. U eseju o De Sadu pokazuje da je jedan eksplicitno seksualni ideal u osnovi bio zapravo upražnjavanje delirantne racionalnosti. U eseju o Furijeu pokazao je da je jedan racionalistički ideal u stvari manifestacija seksualnog delirija. Kad god je imao nešto da predloži, polemički je raspravljao o velikim kanonskim figurama literature: Rasin, Prust, Flober. Ali najčešće je, naoružan pojmom „teksta", svu svoju ingenioznost primenjivao na marginalne tekstove – Balzakova *Saracina* ili Šatobrijanov *Rene*. Zagovarati stanovište teksta za Barta znači odustati od svakog konvencionalnog suda vrednosti (razlikovanje velike i male literature), dovesti u pitanje uspostavljene klasifikacije (razdvajanje žanrova, razlikovanje umetnosti).

Bart nam nudi specifičnu poetiku misli gde se smisao predmeta identifikuje sa samom mobilnošću smisla, sa dinamičnošću same svesti: on oslobađa kritičara kao umetnika.

Čitavo njegovo delo jeste istraživanje pozorišnog, ludijskog: pledoaje za ukus, za praznični odnos prema idejama. Za Barta, kao i za Ničea, nije važno podučavati Drugog već Drugog načiniti smelijim, suptilnijim, inteligentnijim.

Književna Bartova utopija smešta se, sa stanovišta svog etičkog karaktera, nasuprot onoj Sartrovoj. Njena etička priroda izbija u odnosima koje je uspostavio između želje i čitanja, između želje i pisma, u nastojanju sa kojim ističe da je njegovo sopstveno pismo proizvod apetita. Tekst je prostor gde ja subjekt može da kaže zadovoljstvo, uživanje, sreću. U samom podrhtavanju ne-smisla (definicija teksta), tog viška vokalnog smisla, Bart je otkrivao svoju istoriju i svoje teme, svoje zvučno saučesništvo. Verovao je u mogućnost da se svetom prođe iskosa, ne suočavajući se s njim. Život je sačinjen od malih usamljenosti. „Da sam bio pisac i da sam umro, voleo bih da se moj život, brigom jednog prijatelja i meni sklonog biografa, svede na nekoliko detalja, ukusa, na nekoliko modulacija recimo..."

Pismo je za njega bilo način postojanja koji mu je omogućavao da u isto vreme bude aktivan i pasivan, društven i adruštven, prisutan i odsutan iz sopstvenog života. To je, na neki način, Flober ispravljen Židom. Pismo je stalna igra zavođenja, nikad silovanje. Celokupno Bartovo delo jeste istraživanje teatralnog, ludijskog: ingeniozni pledoaje za ukus, za praznik ideja; „[...] reči nisu više prividno zamišljene kao jednostavni instrumenti, one su lansirane kao projekcije, eksplozije, vibracije, strojevi, ukusi: pismo znanje preobraća u praznik".

U suštini Bartovog „naučnog" projekta nije taksinomija, klasiranje, uređivanje (mada je sa *Sistemom mode* i to bila) već ambicija u čijoj osnovi prepoznajemo dva suprotna ali komplementarna nastojanja: dovođenje u pitanje hijerarhije jezika (njeno narušavanje) i vizija diskursa koji bi bio „homogen" svom predmetu i koji bi izmirio nauku i zadovoljstvo (to je pojam pisma). U „Times Literary Supplementu" Bart izlaže (1967) program čije su modulacije različite: „Ako je zadatak strukturalnog diskursa da bude homogen svom predmetu, on se može ispuniti na dva radikalno različita načina." Jedan put jeste strukturalno iscrpljivanje: put koji je Bart zagovarao u časopisu „Communication": reč je o projektu opšte gramatike priče. Drugi put jeste „put integralnog pisma". Unutar te druge hipoteze „nauka će postati literatura u onoj istoj meri u kojoj literatura jeste, i uvek je bila, nauka". U ovom iskazu uočavamo kod Barta „naučnika" najčistije formulacije književnog projekta: on zagovara pojam pisma koje se posvećuje literaturi i svom vlastitom „postajanju literaturom".

NEVERNOST – ŽENSKA PRAKSA PODRIVANJA IMENA OCA

Bijaše jednom [...] i još jedanput. [...]
Lepotice spavaju u svojim šumama čekajući da ih prinčevi probude. [...]
On, pak, ne sumnja da ga je oduvek čekala.

Elen Siksu, *Izlasci*

ZAVOĐENJE „LAŽLJIVIH" KĆERI

To žensko
večna ironija društva.
Hegel

Odbacivanje pojma i znanja, traganje za novim statusom diskursa prisutno je i u filozofiji i u psihoanalizi. Poetski kod jedne, na diskurzivan način kod druge. Diskurzivnoj dekonstrukciji kod filozofa odgovara tekstualna, retorička i anagramatska dekonstrukcija u psihoanalizi.

Ovu tekstualnu, odnosno retoričku dekonstrukciju unutar psihoanalize najbolje predstavljaju dva, i to ženska autora: Sara Kofman, koja se, mada filozof, podrobno bavila psihoanalizom, odnosno Frojdom, i Lis Irigaraj, bivša učenica i saradnica Lakanova. I jedna i druga analiziraju i dovode u pitanje ključne tekstove psihoanalize i filozofije, one tekstove koji ispituju ili podrazumevaju pojam *ženskog* pokušavajući da artikulišu teorijski status diskursa žene unutar zapadnjačke kulture.

U knjizi *Enigma žene* Sara Kofman analizira Frojda. Priznajući mu zasluge za to što je oslobodio misao izvesne koncepcije sadašnjosti i prisustva u sebi – njegovi pojmovi „naknadnog", automatizam ponavljanja i nagon smrti radikalno cepaju logiku identiteta – Sara Kofman smatra da je Frojd bio i ostao zatočenik određene filozofije jer je razliku polova odredio kao funkciju a priori, odnosno u funkciji falusa. Ženska polnost se kod Frojda određuje kao odsustvo (muškog prisustva), nedostatak, zavist, greška u odnosu na pol kojem se a priori priznaje vrednost. Sam Frojd nije predvideo da će žene psihoanalitičari ući u otvoreni rat sa njim uverene da su njegovi tekstovi prepuni muških predubeđenja. Psihoanalitičarke, Sara Kofman između ostalih, okreću psihoanalizu protiv njenog osnivača, optužuju ga da je držao stranu svome polu. Ukratko, one tvrde da muškarac, pa bio to i Frojd, ne može da zastupa jedan objektivan, neutralan, naučni diskurs koji bi se ticao žene: Frojd je spekulirao to jest filozofirao, konstruisao sistem koji treba da potvrdi jednu tendencioznu „fiks-ideju", koja se pri tom ne zasniva na opservaciji već na autopercepciji.

Osnovna namera Sare Kofman u knjizi *Enigma žene* jeste da pokaže neodrživost hijerarhije koja veliki značaj pripisuje muškom, tako što će pokazati ulogu i doprinos Frojdove majke u izgrađivanju i formulisanju njegove teorije. Frojd je, da bi izgradio teoriju, iskustveno naukovanje svoje majke formulisao naučnim jezikom. Umesto iskustvene demonstracije, koja je uvek podložna sumnji, Frojd nam nudi autoritet reči, naučnu teoriju, obezbeđujući time majčinom učenju status istine. Majčin mit omogućio je sinovljevu nauku.

Čitava Frojdova teorija, po Sari Kofman, izgrađena je upravo da bi se ženi pripisao neki nedostatak, jer je, za Frojda, žena bila opasno samo-dovoljna. Gde god Frojdova teorija opisuje ženu kao nedostatak, kao kastriranog muškarca, strategija čitanja koju primenjuje Sara Kofman otkriva sliku super-žene koja se pomalja iz Frojdovih tekstova. Čitajući pažljivo Frojdovu teoriju o seksualnom razvoju male devojčice, onako kako je ona izložena u tekstu „O ženskom", Sara Kofman pokazuje da je ženska polnost biseksualna. Enigma žene zapravo i leži u toj nerazlučivosti pasivnog i aktivnog svojstva, u njenoj spretnosti da „uživa na dvostruki način", da u isti mah uživa i na muški i na ženski način. Dok je muškarac jednostavno muškarac, žena je u isti mah i žena i muško, i aktivna i pasivna. Otuda se ona da definisati samo putem odsustva svake stabilne pozicije: ona je atopijski neuhvatljiva. Ne postoji ništa što bi joj bilo svojstveno...

Kompleks kastracije jeste Frojdova prikrivena želja da, s jedne strane, ženu svede na promašenog muškarca i tako poljulja njenu narcističku samodovoljnost, i, s druge strane, da njenu ambivalentnost veže za nešto stabilno. Ovakva Frojdova želja jeste, s jedne strane, specifičan strah od moći žene, s druge, pak, njegov strah je mnogo više metafizički. Njega, po Sari Kofman, plaši ta fluidnost ženske polnosti i on zato i nastoji da žensku ambivalentnost fiksira.

Ključni argument za teoriju Sare Kofman jeste svako odbacivanje kompleksa kastracije. Sledeći Frojda ona identifikuje tri moguća puta razvoja ženske polnosti. Treća i najinteresantnija alternativa za ženu jeste ona žena koja odbija da prizna „činjenicu" kastracije. Treća vrsta žene – afirmativna žena, kako je naziva Sara Kofman – jeste u isti mah i aktivna i pasivna, i žensko i muško. Ona se zaklanja iza ekonomije istine ističući ambivalentnost sopstvene polnosti. To je ona žena koja odbija da bude kastrirana.

Ideja afirmativne žene na teorijskom planu premošćuje nešto što je dosad izgledalo najteže: prodiranje žene u muški svet i njeno ulaženje na plan simboličkog. Ako žena može da bude, i jeste, u isti mah i aktivna i pasivna, i muško i žensko, onda ne postoji kontradikcija između zahteva za učestvovanjem u muškim aktivnostima i odbijanja žena da se utope u muški habitus. Na taj način se pomiruju zahtev za istim pravima i zahtev za razlikom.

No predmet analiza Sare Kofman nije samo Frojd, to su i Kant i Ruso, u knjizi *Poštovanje žene*. Idealizacija žene, njena metamorfoza u uzvišeno biće sumnjiva je jer je tokom istorije uvek bila naličje ženinog uniživanja. Poštovanje žene, osećanje – prividno – veoma moralno, prikriva operaciju gospodarenja, smatra Sara Kofman.

U pomenutoj knjizi ona je pošla od činjenice da Kant u svojim analizama moralnog respekta od poštovanja žene gradi posebni slučaj osećanja koje svaki čovek treba da ima za čoveka uopšte. Poštovanje žene predstavlja zahtev svojstven njenom polu: nezavisno od svakog moralnog uvažavanja žena zahteva poštovanje u ime svoga pola.

Međutim, ne zaslužuju sve žene podjednako poštovanje: ženski pol nije jedinstven i kriterij u ovom slučaju ne može biti njihov društveni položaj. Rez unutar ženskog pola nije posledica društvene distance već reza koji je napravio muški pol s razloga svoje seksualne ekonomije: muškarci uvažavaju ili preziru izvesne žene da bi druge izdigli na pijedestal, kaljaju jedne da bi druge sačuvali nedirnutima, smeštajući ih na dovoljnu distancu koja ih čini nedodirljivim.

Taj muški rez, po Sari Kofman, jeste ponavljanje reza ostvarenog između dva lika majke – device i kurve – otkrivajući ambivalentnost muškog odnosa prema ženama, odnosno njihovu nemogućnost da podnesu ambivalentnost materinske slike.

Sa poštovanjem žene u igru ulazi druga vrsta uvažavanja, koja se razlikuje od morala. To uvažavanje pripada seksualnoj ekonomiji, gde je prednost uvek na strani muškarca: reč je o tome da se muški pol zaštiti od preteranog seksualnog trošenja, od seksualne nezasitosti žene, od njene faličke i kastrativne sve-moći, koju muškarac priželjkuje ali je se i pribojava.

Ta ekonomska i apotropaička funkcija poštovanja, više ili manje prikrivena maskom morala, posledica je opšteg zakona. Kant je zanimljiv upravo zato što se u njegovim analizama respekta kao moralnog osećanja a priori, kao pokretača čistog praktičnog uma, ne može na prvi pogled naslutiti ta ekonomska funkcija. Sara Kofman, dakle, svojom analizom Kantovog teksta pokazuje da je, naprotiv, upravo poštovanje žene nužan uslov rađanja moralnosti: uslov nužan vaspitanju čoveka za poštovanje uopšte. Poštovanje žene ima bitnu ulogu ako ne u postavljanju temelja ili načela morala, onda svakako u njegovoj istoriji ili genealogiji. A ta privilegovana uloga, pak, posledica je, i rezultat, čitave jedne seksualne ekonomije.

Suočavanje Rusoa sa Kantom u delu Sare Kofman zanimljivo je jer pokazuje da su, bez obzira na razlike u mišljenju i razlike u zagovaranim filozofskim sistemima, gajili gotovo isti odnos u shvatanju žene. U Rusoovom životu i delu žena ima ogromno mesto. I za Rusoa je poštovanje žene bitno za zasnivanje morala: poštovati pre svega znači poštovati žene, i to je nedvosmisleni znak vrline. Ako žena izgubi poštovanje, izgubila je sve: postaje sposobna za bilo koji zločin. Protiv korupcije običaja postoji jedan jedini lek: podsećati žene na samo-poštovanje, primoravati muškarce da poštuju žene.

Ovo stalno pozivanje na poštovanje žene neodvojivo je od Rusoove biografije, njegove seksualne ekonomije odnosno onoga što bismo jednostavno nazvali „slučaj Ruso". Time ne želimo da kažemo da su između života koji se ispisuje u tekstovima, i koji je i sam tekst, i dela odnosi jednostavni, to jest da postoje odnosi mimetičkog prevođenja. Sam Ruso često ističe razmak, pomak koji od dela često čini šminku života koliko i imitaciju.

Iz poređenja Kanta i Rusoa može se izvesti nešto zajedničko: Kantova seksualna ekonomija ima iste zahteve kao i Rusoova, one iste zahteve svojstvene bilo kom muškarcu, ili bar izvesnom tipu muškaraca.

Ako bolje pogledamo *Doktrinu o vrlini,* uočićemo da opis odnosa koje nudi Kant nije opis moralnih odnosa unutar kojih bi svako poštovao drugoga kao oličenje uzvišenosti moralnog zakona, već odnos borbe, gde se svako bori protiv dominacije i iz straha od dominacije drugog. U tom ratu slabiji pol nadvladava upravo zahvaljujući svojoj slabosti: slabost obezoružava čoveka primoravajući ga na poštovanje i na niz kompenzacija: pravo žene na poštovanje jeste pravo koje je ona stekla zahvaljujući svojoj slabosti: mera zaštite slabog od jakog.

U svojoj knjizi o Frojdu Sara Kofman često upućuje na čitanje Frojda na način Lis Irigaraj, ali uglavnom u fusnotama. Reference na ovo drugo čitanje najčešće su kritičke i idu za tim da podvuku razliku između sopstvenog čitanja Frojda i čitanja koje nudi Lis Irigaraj.

U čemu je razlika između ova dva čitanja? Lis Irigaraj još radikalnije dovodi u pitanje diskurs o ženi i Frojdove pretpostavke psihoanalize. Naime, u odnosu na Lis Iriga-raj, Sara Kofman lako sklizne u klasični falocentrizam. Sa-ra Kofman prigovara Lis Irigaraj da nije bila „fer" prema Frojdu, da ne poštuje njegove reči i da se služi prevodom koji često nije veran da bi potkrepila svoj stav. No, name-ra Lis Irigaraj u knjigama *Speculum* ili *Pol koji to nije,* ka-ko su to već primetile njene kritičarke, nije „korektno ili istinito čitanje Frojda" već izlaganje o falocentrizmu: ako je žena suštinski nepostojana i promenljiva, na čemu bi se temeljila njena vernost.

Polazeći od kritike zapadnjačke metafizike koju je for-mulisao Žak Derida, Lis Irigaraj dovodi u pitanje represiv-no načelo logocentrizma, prevlast logosa nad pismom, pre-vlast sadašnjosti i središta koje se imenuje kao Bog, Pore-klo, Istina ili Razum: tanani mehanizam hijerarhizacije ko-ji u sebi nosi represivnu subordinaciju svake „negativno-sti", koji pretpostavlja ovladavanje drugojakošću. Žena je, u zapadnjačkom sistemu predstava, uvek funkcionisala kao nevidljiva potpora muškim predstavama. Ona je bila izbrisana da bi se na njoj, kao na belom platnu, iscrtavao portret muškarca.

„Ući u kuću filozofa znači obezbediti ulogu materije – majke ili sestre. Ulogu one koja uvek nanovo hrani spekulaciju, dakle funkcioniše kao izvor – crvena krv sličnosti – ali i kao otpadak re-fleksije, kao odbacivanje i odstranjivanje nekog ko se opire tran-sparentnosti, ludilu.

Bračna noć sa filozofom pretpostavlja čuvanje onog što se kod ogledala samo ne ogleda: njegovu živu, njegov sjaj, dakle za-slepljenost, ekstazu. Materija za reprodukciju, ogledalo za udva-janje, žena filozofa morala bi da bude jemstvo narcizma često ekstrapoliranog u transcendentalnu dimenziju. Naravno, ne govo-reći to, ne budući ga svesna. Ta je uloga moguća samo ako ona do kraja izmiče svakom istraživanju. Nevinost nesposobna za reflek-siju. Sasvim 'božansko uživanje'."

Žena je, dakle, ogledalo koje čini mogućom svaku reprezentaciju. U tom smislu, kritika Frojda od strane Sare Kofman ne izlazi iz okvira klasičnog falocentrizma. Prisustvo neme majke omogućilo je psihoanalizu. Nevidljiva žena neophodna je pri oblikovanju bilo kakve reprezentacije – to je uloga koju je muški smisao, muški diskurs dodelio ženi. Lis Irigaraj je radikalnija.

Kritikom falocentrične reprezentacije Lis Irigaraj pokušava da ukaže na figuru žene koju je stvorila muška namera da se žena fiksira u spekularni sistem. U tom sistemu žena uvek postoji na marginama, ona je prazan prostor između linija muškog teksta. Međutim, i kao beli prostor u sistemu – dakle opiranje žene reprezentaciji (slučaj Sare Kofman, smatra Lis Irigaraj) – žena je svedena na odražavanje. Žena je ogledalo muškom narcizmu. Čak i onda kada pristaje na ulogu praznine, ona je samo „belo platno na kojem se ispisuju muške projekcije“. I jedna i druga mogućnost predstavljaju brisanje žene kao Drugog. I žena i Drugo kao takvo podređeni su filozofskom načelu Istog – koje je, pak, svojstveno muškom. Zapadnjačkim spekularnim sistemom vlada represivna logika identiteta – sa svojim načelima: prednost jednog, reprodukovanje sličnog, ponavljanje istog. Metode u jednom takvom sistemu jesu: determinacija, analogija, poređenje, simetrija, dihotomijske opozicije.

Muška nostalgija za poreklom treba da prikrije muški strah od priznavanja primarne uloge majke, i njegovu neostvarivu želju za samo-rađanjem. Zato je žena uvek realno, potencijalno ili metaforički – majka. Ona se u falocentričnom sistemu uvek definiše svojom mogućnošću stvaranja života, odnosno, drugim rečima, svojom reproduktivnom funkcijom. U tom smislu žena uvek služi da reprodukuje sliku muškarca: ona je „oslonac“, bilo da rađa život, bilo da je u sistemu reprezentacije, polje reprodukcije.

Otuda Lis Irigaraj smatra da je odnos između polova moguć jedino kao prihvatanje radikalne razlike između njih, to jest prihvatanje činjenice da je ženska spekulacija različita od muške.

Naime, žensko ne pripada ni planu ekvivalencije ni planu vrednosti: ono se ne da rastvoriti u moći. Načelo ženskog nije subverzivno, ono je reverzibilno. Sva muška moć jeste produktivna moć, moć stvaranja. Sve što se stvara, uključujući i stvaranje žene kao žene, potpada pod registar muške moći. Jedina moć koja tome odoleva jeste ženska moć zavođenja. Zavođenju ništa nije svojstveno po sebi, ono je uvek posebnije i uzvišenije – zato je i ubojitije. Ono poništava stvaranje, i poništava ga uvek. Reverzibilna forma ima prevlast nad linearnom. „Ekskluzivna" forma u tajnosti pobeđuje dominantnu formu. Zato je žena bliža ludilu i literaturi, jeziku kao zavođenju, neispunjenom obećanju, obećanju čija je prava priroda da uvek iznova obećava i da ne održava obećanja. Da nas zavodi...

Prva trećina knjige Lis Irigaraj *Speculum* nosi naslov „Slepa mrlja starog sna o simetriji". Reč je o imanentnom čitanju Frojdovog teksta „O ženskom": „milo/umirujuće/uznemirujuće žensko zavođenje nasuprot pozicije falokratske ideologije". **GALOP** Taktika Lis Irigaraj sva je u čitanju: imanentno čitanje lomi tekst u fragmente različitih dužina; ona fragmente komentariše postavljajući različita pitanja i gradeći različite asocijacije. Sve svoje komentare, pitanja, asocijacije Lis Irigaraj zavija u koherentnu interpretaciju. Njeni komentari su puni izostavljenih krajeva i pitanja na koja se ne odgovara. Tako čitalac gubi iz vida nekoherentnost i nekonzistentnost teksta. Taj način čitanja mogao bi se posmatrati kao pobeda „ženskog pisma". Muški poredak je narušen od strane žene impertinentnim pitanjima i britkim primedbama. Irigaraj postavlja pitanja (uloga analitičara) i zamenjuje asocijacije (uloga snevača). Stoga su mnoga pitanja na koja nije direktno odgovorila upućena čitaocu, koji se takođe uvlači u igru zavođenja. **SIKSU** Njen cilj nije toliko da odgonetne Frojdovu posebnu psihu koliko da razruši „jedan stari san", bilo čiji san ukoliko je čitalac „subjekt" koji je sveden na objedinjen, stabilan, polno indiferentan subjekt, „namamljen u stari san o simetriji".

Simetrija, od grčke reči *summetros – sun,* isto, i *metron, mera.* Simetrija je merenje istim standardom – na primer: žensko prosuđivano muškim standardima. **GALOP** Procenjivana muškom merom, žena je neadekvatna, kastrirana. „Svaka teorija o subjektu biće prilagođena muškom." Neutralni „subjekt" jeste deseksualizovano, sublimisano prerušavanje za muško seksualno postojanje. Žena merena muškim standardima, koji nisu njoj prilagođeni, ne može da pokaže nikakvu specifičnost ženskog, nikakvu razliku. **LAKAN** „Seksualna indiferentnost nije nedostatak seksualnosti, već nedostatak bilo koje različite seksualnosti: stari san o simetriji."

Veliki broj komentara Lis Irigaraj sastoji se u postavljanju pitanja. I veliko poglavlje njene naredne knjige, *Pol koji to nije,* ima naslov „Pitanja". Na početku odeljka Lis Irigaraj piše: „Od pisanja i objavljivanja *Speculuma* postavljena su mi mnogobrojna pitanja. I ova je knjiga, na neki način, zbornik pitanja. Ona ih ne preuzima sva. Ne odgovara zapravo. Ona nastavlja da postavlja pitanja. Ona sledi ispitivanje." Irigaraj ne interesuju odgovori. Ona sledi uvek nova pitanja.

Prvi deo teksta „Pitanja" izložen je na filozofskom seminaru na koji je Lis Irigaraj, posle objavljivanja knjige *Speculum,* bila pozvana: da kao „ženski autor" odgovara na pitanja studenata. **DERIDA** Situacija na neki način odgovara, analogna je Frojdovoj, njegovom tekstu „O ženskom" gde Frojd čita ženu, govori o ženi.

No, postoji jedna bitna razlika. U čemu je ta razlika? Irigaraj kao profesor, žena, jeste u ulozi „subjekta teorije", subjekta koji teoretizuje: uloga koja pripada muškom. U poziciji pretpostavljanog znanja (profesor) ona priznaje svoju neadekvatnost toj poziciji: „Ja neću ponuditi definicije unutar upitnog dijaloga." Ona odbacuje definicije, fiksirani pluralitet u određenoj, objedinjenoj predstavi, odbacuje poziciju moći i vladanja. **GALOP** Proces postavljanja pitanja jeste specifično dijalektičko slamanje stabilnih pretpostavki i stvaranje kontekstualnih asocijacija. Neodređeni, neizvesni pokušaj Lis Irigaraj da odgovori na pitanja ne nudeći definitivni odgovor jeste u isti mah pokušaj da se uspostavi dijalog sa nečim hetero (drugim) i da se izbegne zamka homo (istog).

Uporedimo seminar Lis Irigaraj sa Frojdovom situacijom u predavanju o „ženskom". Prvo, postoji razlika između predavanja i seminara. Seminar podrazumeva pluralitet doprinosa dok predavanje podrazumeva govornika za kog se pretpostavlja da zna, i slušaoce za koje se pretpostavlja da ne znaju. Dok Lis Irigaraj ne želi da dâ odgovor i objavljuje pitanja koja su postavili drugi, Frojd piše sa stanovišta imaginarnog dijaloga u kojem je drugi proizvod fantazije, veštačka projekcija. **LAKAN** Takav je takozvani heteroseksualni susret: muški odnos moguć je jedino sa imaginarnim drugim.

Irigaraj preuzima Frojdovo fiktivno čitanje i smešta ga u dijaloški kontekst. Ona postaje čitalac, impertinentni postavljač pitanja. Ona pitanja postavlja kao pravi a ne imaginarni sagovornik, kao drugo stanovište. I iz njenih pitanja izbija određena želja; ne želja za odgovorom već želja za susretom, za hetero-seksualnim dijalogom. Čitanje Frojda od strane Lis Irigaraj traga za „odnosom među polovima". „Da li će ikada postojati neki odnos među polovima?" pita se Irigaraj.

Pismo Lis Irigaraj ima oblik ljubavnog diskursa, diskursa zavođenja. Knjiga *Speculum* pisana je na marginama Frojda, Platona i mnoštva drugih mislilaca. *Amante marine* – knjiga u kojoj Lis Irigaraj komentariše Ničeovu filozofiju – pisana je glasom Ničeove ljubavnice koja pokušava da otkrije istinu žene kroz Ničeov tekst i oko njega.

No, čitav rad Lis Irigaraj treba shvatiti pre svega kao uporni dijalog sa Lakanom i njegovom psihoanalizom. Lis Irigaraj ne pominje Lakanovo ime ni u tekstu knjige *Spe-*

culum ni u prilogu objavljenom u časopisu „L'Arc", i to ne samo zato da bi izbegla sukobljavanje sa njegovim moćnim uticajem. „Mehanika fluida" je, izvesno, tekst o Lakanu, i to pisan na njegov sopstveni način. Lakan je citiran, njegovo ime se javlja u fusnoti ali ne i u tekstu. Šta je time želela da postigne Lis Irigaraj?

U Lakanovom delu Ime Oca jeste Zakon. Legalno dodeljivanje Očevog Imena detetu znači odustajanje od pitanja o identitetu oca. Ako je majčinstvo žene potvrđeno, Ime Oca uvek je podložno sumnji, uvek je podložno pitanju majčinog morala. Otuda Ime Oca mora postati institucijom da bi se institucionalizovala vladavina patrijarhalnog zakona. Odbaciti Lakanovo ime znači odbaciti čitanje Lakana onako kako bi to on očekivao. Irigaraj plete vijugav tekst vešto kombinujući Lakanove stavove sa primedbama protiv ili s one strane Lakana.

Tekst „Mehanika fluida" govori o hegemoniji čvrstih tela u fizici i metafizici i isključivanju fluida (žensko se smešta na stranu fluidnog). Svojstvo čvrstih tela u solidarnosti je sa falocentričnom rigidnošću kao i sa metafizičkim privilegovanjem identiteta. Diskurzivnost, vladajući sistem, ne može da uključi i uvede ženu jer on zahteva čvrstinu, identičnost a odbacuje i isključuje sve što je fluidno. Psihoanaliza je upletena u tu solidarnost (solidnost).

Lis Irigaraj se, međutim, ne zadovoljava time da fluidno samo označi kao nešto što je iscurilo (pukotina) iz solidne diskurzivnosti. Ona pokušava da fluidno označi ne samo kao drugo „ispod i s one strane sistema" već želi da ga proučava kao nešto što ima svoju sopstvenu mehaniku. Specifičnost fluida je da ga ne priznaje adekvatna simbolizacija, što samo ukazuje na nemoć logike da u svoje pismo uključi sva svojstva prirode, odnosno nemoć da prizna „dugotrajno saučesništvo racionalnosti i mehanike čvrstih tela". **LAKAN** Želja dakle govori, ali je ne čuju.

„Treba znati slušati drugačije a ne samo kao dobar oblik, da bi se čulo šta to govori. **SIKSU** Da je to kontinuirano, stišljivo, rastegljivo, viskozno, dobar provodnik, difuzno... Da se to ne završava, moćno (na) i nemoćno (na) svojom otpornošću prema izbrojivom; da to uživa i strada (pati), da je osetljivije na pritiske; da to menja zapreminu ili silu, na primer, zavisno od stepena zagrejanosti; da je to, u svojoj fizičkoj realnosti, određeno trenjem između dva beskrajno bliska susedna kretanja – dinamika bliskog a ne vlastitog; da se to meša sa telima sličnog stanja, da se rastapa na kvazihomogen način, što čini problematičnom distinkciju jednog i drugog; i najzad, da se to već rasipa (širi) 'u sebi samom', što kvari svaki pokušaj statičke idealizacije..."

Ovi vidovi razmišljanja Lis Irigaraj imaju mnogo zajedničkog sa shvatanjima Elen Siksu: žensko je blizu onom što je tečno, telu, ritmu, otuda su ženski tekstovi bez početka i kraja, i bliski osećanjima i dodiru. Stil „ženskog pisma" suprotstavlja se svakoj vrsti strogo kontrolisanog oblika, figura, ideja, pojma, i vodi njihovoj eksploziji... „Ona" je beskonačno druga u sebi samoj. To je razlog što je nazivaju fantastom, nerazumljivom, uznemirenom, kapricioznom. Da ne pominjemo njen jezik: „ona kreće u svim pravcima tako da on ne uočava koherentnost nijednog smisla. Kontradiktoran govor, pomalo luckast za logiku razuma, nečujan za one koji ga osluškuju posedujući gotove rešetke, već pripremljen kod."

Koji je mogući put oslobađanja žene u tom falocentričnom svetu? Jedan je sigurno – pisanje. SIKSU Žena može da obeleži svoje bekstvo iz tog sveta stvarajući tekst koji pokriva i koji se kreće s one strane Zakona-Oca, koji prelazi vladajući diskurs ispitujući ga, jer se isključivanje žene ostvaruje unutar modela i zakona, sistema reprezentacije koji funkcioniše kao samo-predstavljanje subjektivnosti. Krajnji cilj jednog takvog pisanja jeste destrukcija diskurzivnog modela funkcionisanja.

Čitanje Lis Irigaraj jeste napad (kritika u narativnom smislu) na psihoanalizu, ali i zahtev za ljubavlju. Nema odnosa između polova dok muškarac ne prizna ženu kao Drugog. Nema odnosa između polova (kako tvrdi Lakan) jer je muškarac ženu sveo na sopstveno ogledalo. Želja za drugim, zavođenje Drugog pravi je predmet interesovanja Lis Irigaraj.

„Pre bismo kao pitanje mogli istaći sledeće: iako je sve postavljeno i sve funkcioniše kao da jedino želja za Istim može postojati, zašto ne bi postojala želja za Drugim, želja za razlikom koju ne bi apsorbovala ekonomija 'istog'. Mogla bih reći da je to moj san, ili da je to drugi san. Ali zašto preokretanje moći, transmisija moći ne bi značila i 'rađanje' drugog, 'ženskog'? Zašto bi bilo nemoguće postojanje želje za razlikom? Ali ne one želje za razlikom koja će – u svojoj fobiji – uvek 'prikrivati' pitanje razlike polova i seksualnih odnosa."

„Drugo pismo" – tekstualna i retorička dekonstrukcija za koju se zalaže Lis Irigaraj – nužno povlači i drugu ekonomiju smisla. Reč je o jeziku koji pokušava da odbaci vekovnu tiraniju racionalnog, tiraniju uma a za telesnost i čuvstvenost. Čuvstvenost koja je an-arhična i a-teleološka (uživanje koje ne priznaje Zakon Oca). Ipak, ostaje pitanje kako govoriti ženu i njen užitak. Samo sopstvenim jezikom prelazeći vladajući diskurs i stalno dovodeći u pitanje funkcionisanje vladavine Logosa (diskursa), odgovoriće Lis Irigaraj. Da li može da se piše užitak? Sigurno ne kroz diskurs jedne „istine" i njene „moći". Drugo pismo nužno povlači drugu „sintaksu" i drugu „gramatiku" kulture. Njegov prvi korak: govoriti ljubav, jer govoriti ljubav je već po sebi užitak; zavoditi... Voleti ljubav i kazati ljubav. Priznati vrhunsku vrednost dodiru a ne pogledu. Jer dodir je najdirektniji, najbogatiji, najpotpuniji oblik komunikacije. Dodir tela. Dodir kao suštinsko sredstvo komunikacije i ljubavi. Sredstvo koje oslobađa jezik a oslobađanje jezika samo je jedan oblik istraživanja mogućnosti da se život promeni.

> Da bi pismo bilo delovanje, da bi bilo život, življenje a ne nadomjestak i ne zamjena. Treba da se pismo oseti kao delovanje nad stvarima a ne kao bijeg, fantazma, imaginarna ili simbolička zamjena onoga što se konkretno, fizički ne živi.
>
> *Šantal Šavaf*

Zajedno sa Elen Siksu i Lis Irigaraj, mada na različit način, Julija Kristeva je usmerena na „žensko" (feminine) i ispituje njegovo mesto unutar patrijarhalne istorije i vladajućeg pojmovnog sistema. Kako, na koji je način žensko bilo sublimisano, fetišizovano, uznošeno ili oslobađano kod muških pisaca.

Siksu, Irigaraj i Kristeva – sve tri priznaju da modernizam predstavlja ponovno rađanje, ponovno artikulisanje i, konačno, izvesno prevrednovanje žene: sve one stoga svoju pažnju usmeravaju na način na koji je majka, ili „majčinsko", bila ućutkivana i sakaćena da bi zapadnjačka kultura cvetala: materinsko se mora označiti na nov način.

Zanimljivo je da su i Lis Irigaraj i Julija Kristeva pokušale, nastojale da promisle odnos majke i kćerke, odnosno da odrede poziciju majke u našoj kulturi. Julija Kristeva govori samopouzdanim stilom, njeno vladanje žargonom stvara privid „znanja" i „autoriteta". Kristeva pretpostavlja, i daje sebi pravo, da govori kao neko ko „zna". Lis Irigaraj koristi upitni ton, ona uvek govori svoju marginalnost, svoju neadekvatnost, svoje odbijanje da „zna". Stoga se Džejn Galop učinilo da se dijalog Julije Kristeve i Lis Irigaraj može posmatrati kao dijalog majke i kćerke. Za razliku od Lis Irigaraj, Julija Kristeva smatra da može da govori iz pozicije drugog (neko ko je disident u intelektualnom smislu te reči: Bugarka koja živi u Francuskoj: izgnanik iz svoje zemlje, jezika, pola) i iz pozicije majke (Julija Kristeva ima sina). Lis Irigaraj kaže: „Majko, više volim ženu nego tebe..." Esej „Kad naše usne govore...", u knjizi *Pol koji to nije,* počinje ovako: „Ako nastavimo da između sebe govorimo istim jezikom, stvorićemo istu priču." Lis Irigaraj ne želi da ponovi isto, ona hoće da menja, da napreduje. „Volim te, tebe koja nisi ni majka (izvini, majko, više volim ženu nego tebe), ni sestra."

Govoriti „isti jezik" u tekstu Lis Irigaraj znači govoriti jezik majke, jezik koji je kćerka naučila od majke. Obaveza reprodukcije (ogledalnog odražavanja), obaveza kćerke da reprodukuje majku, priču (istoriju) majke, mnogo je teža prepreka slobodnom razvoju žene od Zakona Oca.

Veliki deo teksta „Jedna se ne kreće bez druge" posvećen je i upućen Majci (ma mere). Već na prvim stranicama suočavamo se sa izrazom resantimana zbog paralizujućeg uticaja Majke. Jasno je da Lis Irigaraj hoće da pokaže da odnos s majkom nije marginalan problem. Knjiga počinje i završava tvrđenjem, stavom da je uticaj majke paralizujući uticaj. „Sebe si stavila u moja usta i Ja sam se ugušila... Nastavila da budem izvan. Ne daj da te progutaju, nemoj me progutati u onom što od tebe prelazi na mene. Jako bih volela da smo obe ovde. Da jedna ne nestane u drugoj..." Još u knjizi *Speculum* Lis Irigaraj je govorila o sličnom gutanju „ženskog", ovoga puta u Frojdovoj teoriji: „žensko" je izbrisano da bi ostavilo prostor materinskom.

Prema Juliji Kristevoj, ženi je potreban jezik; ona mora da ovlada simboličkim planom da bi se zaštitila od nedostatka distinkcije sa majkom. Kod Lis Irigaraj međutim, dokle god govori sledeći pravila gramatike, poštujući simbolički poredak jezika, mogu se razlikovati prvo i drugo lice: kćerka koja se obraća majci.

Kristeva u svojim tekstovima pažnju često usmerava na samu sebe, na svoje telo, na individualnu istoriju, čak i u najozbiljnijim teorijskim diskusijama. Prema klasičnom psihoanalitičkom stanovištu, ženska seksualnost je narcističke prirode. Jedan primer takvoga samoupućivanja na sopstveno telo nalazimo u knjizi *Kineskinje* u kojoj Kristeva govori o opasnosti da se koristi isto (jedno) kao mera drugog. **GALOP** Ona pominje da „oblik njenih jabučica ukazuje na neke azijatske pretke". Zahvaljujući tome ona je neko ko nije „ni Evropljanin ni Azijata", u privilegovanoj poziciji stranca u zemlji u kojoj živi, u „tom prostoru dvostrukom i stranom". U tekstu pod naslovom „Nova vrsta intelektualaca: Disident", Kristeva govori o egzilu kao neophodnom uslovu da se dosegne heterogenost. Egzil kao izvan-mesto uvek predstavlja tu mogućnost heterogenog u odnosu na homogenu grupu.

Na kraju knjige ona govori o varljivosti pozicije moći: „moć koju žena uzima (koja se ne da predstaviti) jeste moć koju poseduje telo, [...] nepredstaviva moć". Telo kao telo ne može da predstavlja moć. U svojoj raznolikosti i kontradiktornosti ono je uvek neadekvatno monolitnoj čvrstoći moći. **SIKSU** U dijalektici koju živimo, žena je uvek više „telo": kontradiktornija, polimorfnija, dok je muško telo prigušeno, faličko, sve-moćno, snažno, tvrdo, čvrsto i stabilno. Uzeti (preuzeti) moć za ženu znači uspostaviti, napraviti pukotinu u predstavi moći.

Uzevši vlast, žene su promenile predstavu vlasti (moći): usvojile su kontradikciju, ukinule konflikt između tela kao naziva za neovladanu različitost i kontradikciju, i Vlasti (moći), između tela i Zakona, između tela i Falusa, između tela i Tela. Drugi pojam u ovom poslednjem paru predstavlja dovršenu, fiksiranu predstavu.

Kristeva koristi isti glagol kretati se (bouger) kao i Lis Irigaraj u knjizi *I jedna se ne kreće bez druge,* koja počinje rečima: „Sa tvojim mlekom, Majko, posisala sam led (glace)." *La glace* može da označava „led" ali i – „ogledalo". Tečnost koja potiče od majke i neophodna je za život deteta sadrži, u isti mah, led, koji fiksira i parališe kretanje, promenu: majka parališe kćerku; ogledalo upućuje na odnos odslikavanja, odražavanja: kćerka ponavlja život majke. U Lakanovom stadiju ogledala dete je fiksirano, ograničeno na reprezentaciju: ono veruje da je Drugo majka. Reprezentacija zamrzava „tu tečnost koja ostavlja jedno i prelazi u drugo". Dete je svedeno na pasivnost, nemoć, zebnju. Otuda i Kristeva i Lis Irigaraj smatraju da je jedini način da se uvede kretanje i promena pokušaj upražnjavanja moći ali, u isti mah, i njeno kritikovanje a ne zaleđivanje u rigidnu reprezentaciju.

Svako mora da upražnjava moć i da je kritikuje, svako mora biti i majka i kćerka, Otac i žena, smatra Kristeva. Da bi se izbegla paraliza infantilne, okeanske pasivnosti, žena se mora okrenuti prostoru moći. Ali, da bi se izbegla i paraliza rigidnog identiteta, moć se mora kritikovati. Proces se ne sme zaustaviti. Mora da postoji ta „stalna alternacija": „nikada jedno bez drugog".

Postavlja se odmah pitanje koji diskurs, odnosno čiji diskurs može da ostvari ovu dijalektiku. Neophodan je stalni dvostruki diskurs: jedan koji tvrdi, drugi koji dovodi u pitanje prvi. Ko je sposoban za takvu dvostrukost? Možda – žena?

Kristeva sanja o ženi kao jedinstvenom biću kadrom da spoji „nemoguću dijalektiku dvaju pojmova". Žena je dvostruka: ona je „dvostruk i stran prostor" materinstva. Ta jedna, objedinjena, samo-dovoljna žena, po Kristevoj, mogla bi biti majka i umetnik; ona žali zbog odvajanja uloge majke i umetnika.

Jedan od najznačajnijih pojmova u teoriji Julije Kristeve jeste pojam „semiotika". Lakan govori o simboličkoj funkciji jezika. Simbolički poredak – poredak Imena Oca – jeste poredak jezika koji omogućava intersubjektivnu komunikaciju, koji prenosi vrednosti društvenog sistema i pojačava ih. Stoga jezik kao simbolička funkcija konstituiše sebe na račun „represije instinktivnog nagona". Da bi Ime Oca sebe uspostavilo, institucionalizovalo, ono zahteva represiju majke. Njemu je potrebna drugojakost da bi sebe uverilo u sopstvenu jedinstvenost i da bi ostvarilo i uspostavilo svoj identitet.

Kristeva, međutim, govori o postojanju drugog poretka, koji prethodi simboličkom i koji ona vezuje za materinski vid jezika: reč je o semiotičkom poretku. On podrazumeva mnogo arhaičniju dimenziju jezika: onu pre-diskurzivnu, pre-verbalnu, koja se vezuje za ritam, ton, boju. Semiotičko je mnogo neposredniji izraz energije (nagona) i vezano je za telesni kontakt sa majkom: to je prostor koji postoji pre no što paternalistički plan jezika počne da deluje i pre nego što odvoji subjekt od majke. Semiotičko uvek remeti sublimisani simbolički poredak. Semiotičko je dato kroz slobodnu igru, u radu umetnosti: to je poetska dimenzija jezika, mesto revolucije u umetnosti.

Mnogi elementi lingvističkog sistema – sintaksa, izgovor, znaci i imenovanje – institucionalizovani su i fiksirani na simboličkom planu. Instinktivni zvuci i ritmovi koji se opiru značenju ugrožavaju simbolički poredak, uznemiravaju i subvertiraju normirane forme diskursa, koditfikovane našom lingvističkom praksom autorizovanom u Imenu Oca. Po Kristevoj, premda žena ima privilegovan odnos prema materinskom zbog funkcije rađanja, trudnoće i tela, teritorija materinskog nije određena biološkim karakteristikama: to je pozicija subjekta, bilo koji subjekt može da teži semiotičkom poretku.

Kad razmišljamo o teoriji Julije Kristeve, nameće nam se pitanje o odnosu između „semiotičkog" i „imaginarnog" kod Lakana. Oba pojma definisana su kao suprotnost „simboličkom". Oba plana jezika vezuju se za pre-edipovsko, pre-lingvističko, materinsko. Ali, dok je imaginarno konzervativno i udobno i teži zatvaranju a simboličko ga remeti, dotle je semiotičko revolucionarno, razbija zatvorenost i remeti simboličko. Iz ovoga bi se moglo zaključiti da postoje dve vrste materinskog. Jedna varijanta – Lakanova – u kojoj se materinsko javlja kao nešto što je konzervativnije od simboličkog, paternalističkog, i druga varijanta – Kristeve – u kojoj je materinsko revolucionarno. To nam samo pokazuje da muški teoretičari paternalističko vide kao silu koja sputava stagnirajuću, konzervativnu materinsku poziciju, dok ženski teoretičari taj stav dovode u pitanje preokretanjem pozicije.

Inkompatibilnost Lakanove teorije i teorije Julije Kristeve, nemogućnost da se promisle relacije između „imaginarnog" i „semiotičkog", može se protumačiti kao konflikt između dve vrste materinskog: konzervativne i disidentske, odnosno, kad je reč o Kristevoj, kao pokušaj da se uspostavi pozicija heteroseksualnog a ne samo homolognog mišljenja. Teško je govoriti dvostruki diskurs „permanentne alternacije: nikad jedno bez drugog". Teško je misliti heteroseksualnost. Kristeva ipak nastoji da nam ponudi primer za heteroseksualni tekst u knjizi *Polylogue,* u tekstu pod istim naslovom. Tu se teorija – ženske teorijske reči – preplíće sa umetnošću: sa rečima njenog muža Filipa Solersa. Rezultat je tekst izuzetno uzbudljiv i neobičan.

Najznačajniji rad Julije Kristeve o književnom značenju jeste *Revolucija poetskog jezika.* Kristeva istražuje procese u kojima je ono što je „uređeno i racionalno prihvaćeno" ugroženo „heterogenim i iracionalnim".

Zapadnjačka misao dugo je pretpostavljala postojanje i neophodnost (objedinjenog) subjekta. Znanje zahteva jedinstvenu svest, svest koja je nalik na fokusirano sočivo bez kojega se ništa ne može sagledati niti videti kao razgovetni objekt. Medij kroz koji jedinstveni subjekt opaža objekte i istinu jeste sintaksa. Razum je oduvek bio ugrožen subverzivnim šumom zadovoljstva (vino, seks, pesma), smeha i poezije. Puritanski racionalisti uvek su oprezni i nadgledaju ove opasne uticaje. Svi ovi uticaji mogu se podvesti pod jedan pojam – pojam želje (désir). Remećenje koje unosi želja tiče se literature koliko i društvenog poretka. Poetski jezik najbolje pokazuje kako dominantni društveni diskursi mogu da budu dovedeni u pitanje stvaranjem novih „pozicija subjekta". Jer subjekt nije samo socijalna i seksualna uloga, on je obuhvaćen „procesom i kadar je da bude drugo od onog što već jeste".

Kristeva nam, u pomenutoj knjizi, daje složen psihološki opis odnosa koji postoje između „normalnog" i „poetskog". Ljudska bića poseduju prostor kojim vladaju ritmički, fizički i psihički impulsi. Stege porodice i društva (vaspitanje, polna identifikacija, odvajanje javnog od privatnog) potpuno regulišu taj beskrajni fluks impulsa.

U najranijem, pre-edipovskom stadiju, talas impulsa usmeren je na majku, ne priznaje formiranje ličnosti već jedino grubu podelu na delove tela i njihove odnose. Neorganizovani pre-lingvistički fluks kretanja, gestova, zvukova i ritmova postaje temelj semiotičke građe koja ostaje aktivna ispod lingvističkog performansa zrele osobe. Kristeva tu građu naziva „semiotičkom" jer se ona ponaša kao neorganizovani značenjski proces. Mi te aktivnosti postajemo svesni u snovima, u kojima se slike smenjuju na „alogičan" način.

U poeziji Malarmea i Lotreamona ovi primarni procesi ritmičkih i zvukovnih obrazaca oslobađaju se iz nesvesnog (ili, ako sledimo Lakana, sami su nesvesno). Kristeva dovodi u vezu upotrebu zvuka u poeziji sa primarnim seksualnim impulsima. Kad semiotičko postane regulisano, ono prerasta u logiku, koherentnu sintaksu i racionalnost odrasle osobe: po Kristevoj, ovaj plan naziva se „simboličkim". Simboličko radi sa supstancom semiotičkog i ovladava njome ali nikada ne može da stvori svoju sopstvenu značenjsku supstancu. Reč „revolucija" u naslovu knjige nije obična metafora. Mogućnost radikalne društvene promene jeste, sa stanovišta Kristeve, vezana za remećenje autoritativnih diskursa. Poetski jezik uvodi subverzivno otvaranja semiotike kroz društvenu „zatvorenost" simboličkog poretka. Moderna poezija, smatra ona, predočava socijalnu revoluciju koja će se ostvariti u dalekoj budućnosti, kada društvo razvije mnogo složenije forme.

Glavni doprinos Julije Kristeve jeste teorijske prirode. Šta je teorija? To nije apstrakcija, ni generalizacija, ni spekulacija. To je refleksivnost. Na neki način, „to je pogled jezika okrenut ka samome sebi". „Čitava semiotika može biti samo kritika semiotike." Nauka o jezicima ne može da bude olimpijska, pozitivna, in-diferentna, adijaforijska, kako kaže Niče; ona je dijaloška (jer je jezik jezika) – pojam koji je Kristeva uvela na osnovu čitanja Bahtina. Prvi čin tog dijalogizma za semiotiku jeste da se misli – u isti mah i kontradiktorno – kao nauka i kao pismo. Nauka je pismo: znak je dijaloške prirode. Šta to zapravo znači? To da ona zagovara i upražnjava u isti mah formalizaciju i njeno premeštanje: tako matematika postaje analogna radu sna. Unutar same teorije ostvaruje se terminološko klizanje naučnih definicija. Reč je, zapravo, o novom tipu transmisije znanja. Nije više problem samo znanje, problem je njegova transmisija.

NAPOMENA:

U tekstu „Zavođenje 'lažljivih' kćeri" (*Zavođenje kćeri* je naslov knjige Džejn Galop. – uvođenje reči „lažljive" deo je moje interpretacije) pokušala sam da pokažem kako isti tekst iščitavaju Sara Kofman, Lis Irigaraj, Džejn Galop, Julija Kristeva i sam autor. Jer, ako „opštiti sa svetom znači proći kroz pisma od kojih je svet sačinjen kao kroz niz citata čije se poreklo ne može utvrditi niti kretanje zaustaviti", onda je svako pisanje samo prepisivanje, odnosno prekrajanje.

UPISIVATI DRUGO

I, pošto smo pozvani, zavedeni glumom, nemojmo zbog toga izgubiti iz vida činjenice, realnosti, bića.

Lis Irigaraj

HOFMAN–KOFMAN-OV/E *MAČAK MUR*
ILI
PISANJE KAO KALEMLJENJE

„Mačak Mur [...] je tekst o pismu kao opštem kalemljenju. Mur kalemi svoj individualni život na život čitave vrste kao što Hofman kalemi svoj tekst na Tikov tekst; ali dok Hofman komplikovanim predstavljanjem teksta, pismom čiju prirodu određuje citat nastoji da dekonstruiše teološku koncepciju knjige i autora, izvornog genija, oca dela, Mur naprotiv, pomoću istog postupka citiranja, objavljuje svoje plemenito poreklo i obezbeđuje narcističku potvrdu svog identiteta i genija...

Sara Kofman: Autobiogrebija...

Sara Kofman: žena, filozof, naš savremenik, uvodi nas svojim pismom u prostor čitanja kao onaj posve neizvesni prostor traganja za Drugim. Čitanje je prelaženje kroz tekstualno telo; smešta se s one strane Ja. Na početku je uvek Drugo. Pitanje. Želja za Drugim manifestuje se kao potreba za odgovorima koji umiruju, poništavaju pitanje. Drugi nije prisutan u delu kao drugo Ja, kao onaj „subjekt-objekt" o kojem govori Merlo-Ponti: drugi nije ni taj objekt za kojim mogu da posegnem i da ga prisvojim, niti drugi subjekt koji poznajem ili prepoznajem. „Odnos drugog i mene nije odnos dva subjekta." Ja čitam Drugog i ja se čitam u Drugom i Drugi me čita i čita se u meni.

Kako govoriti Drugo?

Ako je slediti Saru Kofman i njen rad na tekstu, njeno čitanje Hofmanovog *Mačka Mura,* onda bi odgovor bio: stvarajući „novi mimesis", stvarajući tekst koji imitira svoj predmet. Sara Kofman čita Hofmanovog *Mačka Mura* tako što svojim jezikom prelazi Hofmanov diskurs, što traga za

„napuklinama" ili „otvorima spojeva i artikulacija", po kojima se raščlanjuje tekst.

Za Saru Kofman se slobodno može reći da je verni Deridin sledbenik. Metod koji ona primenjuje u čitanju ili (ponovnom) pisanju Hofmanovog dela, jeste dekonstrukcija, odnosno shvatanje teksta kao kolaža/montaže. Po Deridi, bilo u redu govora bilo u redu pisanog diskursa, nijedan element ne može funkcionisati kao znak ukoliko se ne odnosi prema drugom elementu, koji sam nije prisutan. Svaki „element" – fonem ili grafem – uspostavlja se na temelju traga koji u njemu ostavljaju drugi elementi ili lanca ili iz sistema. Kolaž/montaža jeste zapravo manifestacija „grama" na nivou diskursa.

Koje su praktične posledice ovakvog Deridinog stava kada je reč o tumačenju književnih tekstova? U kritici, kao i u književnosti, kolaž uzima oblik citata, ali citata dovedenog do krajnosti, budući da je kolaž „granični slučaj" citata. Svaki citirani element razbija kontinuitet ili pravolinijski diskurs i nužno vodi dvostrukom čitanju: čitanju fragmenta koji se poima u odnosu na tekst iz kojega potiče: čitanje istog fragmenta kao inkorporisanog u jednu novu celinu, drukčiju celinu.

Ponovno upražnjavanje pisma treba dakle shvatiti kao neiscrpno ponavljanje a ne kao napredovanje ka većoj perfekciji u izrazu ili savršenijoj obradi. Umetnost nije diskurs Jednog već, kao govor jedinstvenog, neprestano ponavljanje.

Ponavljanje je metod čitanja Sare Kofman. „Citiranje spaja akt čitanja i akt pisanja." Citiranje ponavlja; ono omogućava čitanju da odzvoni u pisanju. Čitanje postaje novo pisanje kao stalno vraćanje i kao pravi pristup Drugom. Svaki tekst zahteva vraćanje, ponovno čitanje. Ali re-lire znači i relier. Čitanje povezuje pisanje i novo čitanje. Tu, na tom teorijskom planu, interveniše pojam inter-tekstualnosti. Fragmenti teksta, nezavisni komadići grupišu se, prožimaju međusobno i grade to „kružno-sećanje" koje pominje Bart:

„Inter-tekst je zapravo ta nemogućnost da se živi izvan beskrajnog teksta."

„Mogu li vas zapitati koja knjiga nije pastiš?" pisao je na provokativan način Nodier. Kad Derida kaže da je čitanje igra odsustva i prisustva, onda ovaj iskaz treba shvatiti kao iskaz koji govori o odsustvu i prisustvu Drugog. Igra postoji jer sam ja ograničen na ja i izvan ja: svaka igra dobija oblik avanture i istraživanja. Svaki igrač polazi u potragu za svojim Ja i za svojim ne-Ja. Može se, dakle, reći da je svako čitanje, u onoj meri u kojoj je ludičke prirode, čitanje Drugog.
Zašto je Sara Kofman izabrala baš *Mačka Mura?* Možda zato što je Hofmanovo delo odista priča o tekstu kao citatu, kalemljenju, ili zato što Hofman odista dovodi u pitanje pojam autora, ili možda zato što je, oslanjajući se na metaforu, alegoriju, Sara Kofman mogla da progovori o problemu „drugog".
Mačak Mur želi da postane pisac. Ali ne samo to. On želi da progovori o svojoj pravoj prirodi, da razbije vekovno nerazumevanje razuma i instinkta. Kako? Pisanjem. Upisivanjem u tekst. On cepa (dere kandžom) izvorni tekst. Ostavlja svoj trag.
Šta radi Sara Kofman? Mimikrijom, vragolastim reprodukovanjem Hofmanovog teksta ona potkopava privilegovanu poziciju prvobitnog i originalnog diskursa i uvodi pomeranje koje, kroz repeticiju, omogućava izbijanje potisnutog, u ovom slučaju „drugog". Akcenat se pomera sa Hofman na Kofman. Sa H (homme – muškarac, homo – isto) na K (kalemljenje, kandža koja razdire ime autora, ostavlja svoj „ženski" trag, upisuje Drugo).
O čemu govori Hofmanova knjiga? Ambicija mačka Mura je da postane pisac. Tu ambiciju jednog mačka Hofman je uobličio u delo koje parodira tradicionalni „roman sazrevanja", izvrgava ruglu ljudsko ponašanje i bitno menja prostor čitanja i pisanja.

Mačak Mur se nadovezuje na čitavu liniju čuvenih mačaka u istoriji i literaturi. Kao da je mačka omiljena životinja brojnih pisaca: gotovo bi se reklo da postoji posebna veza između mačke i „kulture". Danteova mačka svojim nejakim šapama požrtvovano drži sveću osvetljavajući svom gospodaru dok on radi. Petrarkina mačka, pravi ratnik, kandžama štiti pesničke spise od neprijateljskih zuba pacova. Skarlati svojoj mački duguje inspiraciju za *Fugu mački:* hiljadu i jedna varijanta jedne muzičke rečenice onako kako bi je mogla odsvirati mačka. I najzad, mačak Mur, autobiograf – knjiga Sare Kofman ima naslov *Autobiogrebija* – na samom početku pisanja oseća potrebu da otkrije svoje plemenito poreklo. On bez skrupula izjavljuje da je potomak čuvenog Mačka u čizmama:

„Mačak u čizmama, mačak pun plemenitosti, inteligencije i erudicije..."

Zahvaljujući takvom književnom postupku prepliću se biološka i književna srodnost, prepliće se tkanje života i tkanje knjige, čime se ukida metafizička opozicija života i književnosti.

Mačak Mur prebacuje ljudima da ga ne razumeju, da brkaju svoju školsku mudrost, nominalističku nauku sa realnošću. Jezik kojim govori čovek pretpostavlja jasnoću i razgovetnost ali ne zna za dubinu. Iza praznih zvučnih reči krije nauka svoje neznanje. Takav jezik nije kadar da izrazi osećanja, navike i običaje životinjske vrste. Nauka nije spoznaja već sistem kvaziparanoidnih projekcija, rezultat resantimana i ljubomore čoveka. Razum na koji je čovek toliko ponosan jeste sistem drugostepenih realizacija.

Namera Sare Kofman očigledno jeste da dovede u pitanje funkcionisanje i vladavinu Logosa. Ona preuzima Hofmanov diskurs i uvodi ga u drugi kontekst, čime menja njegov osnovni ili tradicionalni smisao. Da bismo ponovo otkrili drugojakost, moramo dekonstruisati klasični pojam autora, oca dela. Svojim čitanjem Sara Kofman nastoji da pokaže da u svakom tekstu, konačno, postoje bar „dva teksta, dve ruke, dve vizije, dva puta slušanja". Zajedno, simultano, i odvojeno. *Mačak Mur* je primer dvostrukog pisma: jedno pismo dovodi u pitanje, razara, para drugo na sasvim jedinstven način. Divlji, dijabolički zahvat (grebež) mačka para knjigu, guli vlastito ime autora, dere jedinstvenost zaokruženog dela zatvorenog između korica knjige.

Mačka – slobodna, nezavisna životinja – ne plaši se da pokaže i upotrebi svoje kandže, da ostavi svoj znak (griffe): u ljudskom svetu smatraju je hipokritom, lupežom, lopovom, neprijateljem čoveka. Mačka, očigledno, izaziva ambivalentna osećanja. Ista ambivalentnost vezuje se za ženu, koja se predstavlja kao mačka. Ova analogija poslužiće Sari Kofman da pomeri akcenat, da dâ (da upiše, ostavljajući svoj znak – ogrebotinu) drugi smer Hofmanovom delu. Ona to nikad ne čini eksplicitno. Analogija je uspostavljena gotovo usput, na marginama teksta, i ničim ne dovodi u pitanje čitanje samog Hofmanovog dela. Ona, prosto, samo otvara i drugi prostor čitanju ovog dela. Onaj „iskosa", sa „ženina mesta".

Šta mačka može da uradi da bi se suprotstavila neprijateljstvu i nerazumevanju ljudi? Ona mora da postane pisac, istoriograf (istorioznačitelj). Mačkama ostaje jedino da pišu, da bi ih čovek razumeo.

Napraviti od mačka autobiografa znači dovesti u pitanje razum i pozitivističku nauku – kad je reč o razumevanju prirode životinja – pozivati se na drugi tip spoznaje. Napraviti od mačka autora predstavlja ili šalu njegovog tvorca, da bi se izazvala znatiželja publike, ili dramsko lukavstvo pomoću kojega se publici saopštavaju izvesna osećanja ili ideje.

Schlosser, kultivisani gledalac, obraćajući se autoru pita, u Hofmanovom delu: „Nije li istina da je vaše uzvišeno delo mistična teorija o ljubavi, otkrivanje prave prirode ljubavi?" Zar čitanje Sare Kofman nije pisanje o smrti autora, zalaganje za uvođenje instance čitaoca kao konstitutivnog činioca teksta, zagovaranje pisanja kao opšteg kalemljenja?

No odgovor Hofman–Kofman je drugačiji. Pripisivati mački želju da kaže više od onog što je rekla jeste način da se mačkov govor odbaci, poništi. Tražiti iza teksta, ili režije, ono što je autor hteo da kaže, jedan je od načina da se izbriše tekst i pismo, da se Drugi (u ovom slučaju mačak) ućutka. Tražiti iza teksta drugi tekst koji bi bio njegova istina, jeste tik svojstven čoveku. Treba se osloboditi toga tika, smatra Sara Kofman; treba zaboraviti čitavu „intelektualnu" kulturu i nauku da bismo mogli da prihvatimo činjenicu da mačak može da govori a da ništa ne kaže, to jest da može da piše. Tekst upućuje na samog sebe, on nije traganje za smislom, za pretpostavljenom du-binom koja krije istinu, već bina (scena) jezika: sam jezik govori, reči se kreću, prepliću, odmotavaju, zavode. Treba odbaciti nauku, razum. Hofman daje prednost ludilu, sanjarenju, snu, smehu. Kofman – samom pisanju. Ona premešta akcenat: svojim čitanjem dekonstruiše tekst, skreće jezik, zavodi... Pustiti mačka da piše znači ispisati pismo u samom životu, jednim gestom ukinuti opoziciju instinkta i inteligencije, dovesti u pitanje kartezijansku problematiku, napustiti teren razuma i nauke, otvoriti se za druge prostore.

Čitanje Sare Kofman dovodi, pre svega, u pitanje naš odnos prema metajeziku. Pisanje je ugroženo potiskujućim operacijama metajezika, to jest operacijama komentara komentara, operacijama kodiranja: „drugo pismo" se opire opštoj potrebi da se sudi, da se dijagnosticira, svodi, imenuje... da se imenuje na način koji nije ljubavna preciznost poetskog imenovanja već rad policijske cenzure – takvo je kritičko imenovanje. Znanje je uvek saučesnik moći: onaj ko je na mestu znanja, ima privilegiju moći. „Volim onog za kog pretpostavljam da zna", kaže Lakan. Misao je dosad uvek bila organizovana u odnosu na tu prednost, na taj višak vrednosti koji pripada onom ko zna. Niko – od velikog broja onih koji pokušavaju da zakorače u prostore još ne-mišljenog, ne može da se oslobodi ideje da je pod prismotrom predaka, velikih očeva, tirana pojmova – ne može da se oslobodi pomisli da iza njegovih leđa postoji uvek čuveno Ime Oca, koji je tu da proveri nema li u onome što pišete „pravopisnih" grešaka.

„Kad je mačak Mur počeo da piše svoja razmišljanja o životu, on je iscepao stranice iz jedne već objavljene knjige, koju je našao kod gospodara [...] stranice su ostale u rukopisu [...] objavljene su zatim kao da su pripadale delu [...]." Tim gestom on pokazuje da pismo dozvoljava svaku upotrebu: svodeći tekst na jednostavno sredstvo produkcije mačak Mur desakralizuje tekst, dovodi u pitanje vlasništvo dela... Plagijat? Parodija „citirajućeg pisma" koje time ističe suštinski „citirajuću prirodu" svakog pisma i odsustvo očinstva dela. Život mačka Mura kalemi se na život i priču o Mačku u čizmama: vezujući ga za čuvenog pretka, postupak kalemljenja dovodi u pitanje originalnost mačka i, u isti mah, lišava Hofmana punog očinstva nad tekstom. Time mačak ostvaruje ubistvo autora kao oca dela. Kada čitalac ne priznaje postojanje autora koji pose-duje intencije i garantuje značenja književnog dela, on u pitanje dovodi autoritet autora a time autoritet očinstva. Odbijajući da prihvati pravila kritičkog ugovora koji prednost daje autoru, *čitalac* postaje instanca nelojalnosti i nevernosti.

Čitav mačkov život, čitavo njegovo iskustvo samo je književni citat, ponavljanje svega onoga što je on pročitao u knjigama: tekst života i tekst pisma se prepliću. Upražnjavati pismo znači upražnjavati otvaranje nad životom, pomoću kojeg život postaje tekst. Kalemljenje života na literaturu lišava mačka vlastitog života. Iskustvo nije nikad iskustvo same stvari već tekst dešifrovan kroz književni kod. Kao što je autor samo jedna funkcija, tako čak ni potpis nije jemstvo autentičnosti. Uvodno slovo fiktivnog izdavača, predgovor autora, postskriptum izdavača – sve to umnožava pismo: mnogobrojne „etikete" (griffe) cepaju

---

151

identitet autora: lanac etiketa – etiketa (žig) fiktivnog izdavača, etiketa Hofmana, etiketa mačka Mura... Sare Kofman... čitaoca... širi se do u beskraj.

Kako zapravo izgleda knjiga Sare Kofman *Autobiogrebija?* Reč je o nečistom tekstu, tekst-kopile, tekstu u kojem se život mačka prepliće sa njegovim pismom: o knjizi bez pravog početka i kraja, u kojoj je narušen hronološki red, prekinut poredak Logosa. Mačja rapsodija rašiva listove knjige, uvodi Drugo u Isto, briše identitet i narušava jedinstvo dela, lomi tradicionalne okvire čitanja. Čitalac je uvučen u igru smisla, naveden da stavi svoj znak (griffe), da nanovo ispiše knjigu. Griffe – kandža, znak, etiketa jeste instrument samog pisanja, ali i sredstvo odbrane od vlasništva, od Istog. Tekst treba da rađa tekst, da navodi na pisanje. Žena treba da piše, da piše o ženi i da navede ženu na pisanje, od kojeg je silovito bila udaljena, kao što je bila udaljena i od svog tela: iz istih razloga, pomoću istog zakona, s istim ubilačkim ciljem.

Kritika, svako ponovno čitanje, svoje opravdanje ima u sebi: ona se temelji na odnosu uživanja između interpretatora i pročitanog teksta. „Ne samo da svaki čitalac konstituiše tekst polazeći od ponuđenih znakova, već on odlučuje da ponovo ispiše ono što čita."

Čitajući Hofmanov tekst na kofmanovski način, Sara Kofman se upisala u tekst, ostavila svoj znak, zagrebala po Imenu Oca.

REČI DA SE KAŽE

Tek je jedna misao ispravna, živa misao —
ona koja je kadra da potakne zapretenu
vatru života i da usadi pobunu protiv tro-
vača, kradIjivaca i oskvrnitelja života.

Ani Leklerk

SLUČAJ DORA
ILI
S ONE STRANE OGLEDALA

Godine 1976. u Francuskoj je objavljena knjiga na čijim koricama je pisalo: *Portrait de Dora (de Hélène Cixous) des femmes*. Ambivalentnost gramatičke forme u naslovu, primećuje Verena Konlej (des femmes je oznaka za izdavačku kuću), upućuje na mogućnost da se naslov knjige protumači kao portret Dore, portret same Elen Siksu, ili portret žene uopšte. Ovakvo moguće čitanje opravdava i značenje reči portret, koja se javlja u naslovu knjige.

Šta znači reč portret? Rečnik kaže da je portret predstavljanje stvarne ličnosti. Reč predstavljanje sadrži u sebi konotacije na pozorište i na vizuelno. Tekst Elen Siksu i jeste pozorišni komad, igra. Džejn Galop navodi sledeće značenje reči portret, preuzeto iz Roberovog rečnika: „Virdžinija je bila potpuni portret svoje majke", ili: „Virdžinija je bila slika svoje majke." Dakle, portret ne ukazuje samo na predstavljanje, vizuelni ili pozorišni čin već pretpostavlja i repliku, odnosno zamenljivost jedne žene drugom. Portret Dore mogao bi, dakle, biti portret žene uopšte.

Ko je Dora? Dora je ime koje je Frojd dao junakinji svojih analiza histerije, objavljenih 1905. Ona je izvesno vreme bila Frojdova pacijentkinja da bi, iznenada, bez objašnjenja, prekinula tretman.

U čemu je slučaj Dora? Frojd je Doru lečio kao klasičan slučaj histerije. No, Dora nije bila običan slučaj. Njena bolest bila je protest protiv činjenice da je otac ustupa svom prijatelju, u zamenu za njegovu ženu. Frojd se nije slagao sa Dorinim sagledavanjem celog slučaja. Po njemu, nije bila reč o „formalnom ugovoru" već o ugovoru na koji jedan od muškaraca pristaje nesvesno. Za našu analizu značajno je to što su Frojd i Dora zapravo artikulisali deo opšte strukture koju će, tridesetak godina kasnije, Levi-Stros nazvati elementarnom strukturom srodstva, odnosno objasniti kao pojavu opšte razmene žena između muškaraca.

Knjiga Elen Siksu *Portret Dore* jeste ispisivanje slučaja Dore, njegovo čitanje, ali iz ženskog ugla. Na pozornici je i sam Frojd; on je jedan od likova ovog pozorišnog komada. Šta radi Elen Siksu? U *Studijama o histeriji* Frojd piše: „Nastojim, pre svega, da prozrem tajnu pacijenta i da mu je bacim u lice." To isto radi i Elen Siksu, ali ovog puta ta istina pogađa Frojda.

Pošto žena nema pravo na govor, ona može samo da ima „tajne", „tajne ljubavi" koje je i čine bolesnom: to je histerija, smatra Frojd. Psihoanaliza stoga ustaje protiv seksualne represije kojoj je izložena žena, poziva ženu da izađe iz svog „skrovišta" vraćajući joj pravo na govor. Međutim, lek koji psihoanaliza nudi ženi za nju je smrtonosan: psihoanaliza leči ženu tako što je navodi „na saradnju", što je navodi da usvoji stanovište Drugog, muškarca, koji jedini poseduje istinu. Ona ženi vraća govor da bi joj ga bolje oduzela, da bi je bolje podredila govoru gospodara.

Otuda ne postoji veći zločin, sa stanovišta društvene ekonomije, od ćutanja: ćutanje prekriva svojim „gustim velom" ženski pol, čini ga neuhvatljivim, nedostižnim, neumoljivim, ef-frayante, u Blanšoovom smislu. Zašto se Elen Siksu divi Dorinom hrabrom „ne" koje prekida lanac razmene žena između muškaraca i dovodi u pitanje milozvučno funkcionisanje društvene porodične mašine? Zato što se Dora podsmeva ograničenoj cirkulaciji porodične mašine kojom vlada simbolički poredak i Ime Oca.

„Gospođa K. je u pravu.

Gospodin K. je u pravu.

Tata je u pravu.

Mama je u pravu.

Samo 'dragulj' nije u pravu.
Ali 'ona' ima svoje ime."

Dorin postupak – vraćanje u ćutanje – na granici je samo-poraza ali je jedini mogući postupak u određenom istorijskom trenutku, jedino zamislivo nepristajanje na određenu kulturnu konfiguraciju.

Analiza Elen Siksu, njeno ispisivanje slučaja Dore ističe Dorinu neizraženu želju prema Gospođi i Gospodinu K., kao i prema ocu: privlačnost koju ona oseća kako prema muškom tako i prema ženskom polu postavlja pitanje „ženske želje", pitanje rađanja žene. Dora se rađa izlaženjem iz muške strukture: daleko od Gospodina K., daleko od Frojda, izvan njihovog transfernog odnosa. Ako bismo sledili anagramatska čitanja same Elen Siksu, mogli bismo reći: iz-laž-e-nje iz muške strukture jeste napuštanje *laži*, iz–nje same rađa se ona nova.

> „Beše to najužasniji dan u njenom životu. Beše to najsrećniji dan u njenom životu. Ona prođe ulicu suvih nogu, podižući elegantno haljinu krajičkom prstiju, gestom koji je jedva otkrivao zglavke. Bio je to nevažan nesrećni slučaj. Unutrašnjost gospodina K. bila je u paklu, njegova spoljašnjost bila je još uvek privlačna. Video je kako Dora prolazi. Nema većeg bola od sećanja na ljubav.
>
> Frojd je to znao."

U knjizi *Novorođena (La jeune née)*, koja će u Francuskoj postati osnovni tekst teoretičarki „ženskog pisma", Siksu piše: „Ja sam ono što bi Dora mogla da bude da je 'istorija' žena počela." Reč histoire u francuskom jeziku ima dvostruko značenje: istorija koju stvaraju žene i priča koju pričaju žene. Knjiga *Novorođena* ima tri dela: prvi je napisala Katrin Kleman, drugi Elen Siksu; treći je dijalog između njih dve. Dora funkcioniše kao stalno pitanje koje sebi postavljaju dve žene: da li je ona junakinja ili žrtva.

Za razliku od Elen Siksu, Katrin Kleman smatra da je uloga histerične osobe ambivalentna: ona dovodi u pitanje, negira ustaljeni poredak ali istovremeno čuva, konzervira taj isti poredak. Histerična osoba razara porodične veze, uvodi nered u uredno odvijanje svakodnevnog života, iracionalno suprotstavlja razumu. No, ona je i konzervativna. Svaka histerična osoba završava tako što druge navikava na svoje simptome: ona je brzo ko-optirana i budući da je porodično iznad heterogenog i otuđenog, porodica se zatvara oko nje, asimiluje drugojakost i, poput amebe, postaje još jača.

„Ja ne fetišizujem Doru, odgovoriće Elen Siksu, ona je ime za silu koja deranžira muški poredak."

Ko je Elen Siksu? Ime za silu koja deranžira falocentrični poredak, dovodi u pitanje vladavinu Logosa, Istog: ona uvodi Drugo, kazuje ono prigušeno, potisnuto, „žensko". Pismo koje se smešta sa strane tečnog, tela, ritma, dodira, suprotstavljajući se svakoj vrsti strogo kontrolisanog oblika, figura, ideja, pojma, i vodi njihovoj eksploziji.

Siksu piše tekstove koji se kreću između fikcije, kritike, psihoanalize i filozofije, ne zatvarajući se ni u jedan od oblika. Podsmevajući se izvesnim akademskim pristupima literaturi – koji poprimaju obredni karakter upisivanja u kulturu (obred putem kojega vladajuća društvena klasa integriše sebe u simbolički poredak – ona se zalaže za drugačije čitanje/pisanje književnosti. Život – i – fikcija, život – kao – fikcija jeste u osnovi texta (ili sexta): pismo afirmiše život, kretanje, bujnost, izobilje.

Apsolutno znanje guši smislove, poništava označavajuće i telo, da bi doseglo idealizovano označeno, sam duh: tekstualnost utemeljena na želji, uživanju, erotizuje pisanje i dovodi u pitanje znak i njegovu binarnu strukturu.

Čitanje i pisanje deo su iste neodvojive aktivnosti. Ne postoji nevino čitanje kao što ne postoji ni nevino pisanje. Tekstu uvek pristupamo sećajući se drugih tekstova: svaki tekst je neka vrsta ponovnog čitanja.

„Ako čitate, idite samo napred, pokušajte da prihvatite činjenicu da ste označeni kao neko ko je uhvaćen (u tekstu) i to saopštite. Vaše mesto je rezervisano u tekstu, ono vas priziva i miluje. [...] Natanel govori Lotaru, ali ovde Ja Vama govorim: sada učestvujte, ili odlazite. Ne sme postojati čitalac u ulozi gledaoca."

Subverzivna praksa pisanja Elen Siksu podrazumeva pre svega rad u jeziku: rad na materijalnom planu jezika (fonemi i grafemi), na pojmovnom (dovodi se u pitanje pojam, razlaže, poništava) i najzad, u samom razmišljanju o pisanju. Sve promene odvijaju se prvo, i pre svega, na nivou jezika. Takvo pisanje zahteva drugačiju praksu čitanja. Čitanje je uvek dvostruko; tekst se misli kroz dvostruke relacije: ja čitam tekst uz pomoć kritičke, filozofske refleksije, puštam da me njegova novina zavodi i obmotava svojim telom.

Pisanje fikcije nalikuje na sliku u konkavnom ogledalu: slika se pojavljuje i iznenada nestaje. Kretanje fikcije nije pravolinijsko – početak, sredina, kraj – već zavojito kretanje, kretanje klatna ili asimptote. Tekst govori kretanje iščeznuća: naracija prelazi tekstom, usporava, ubrzava, stropoštava se, završava simulakrumom, nikad ne zamrzavajući značenja.

Ponovivši Blejkov aforizam – koji Bataj koristi u delu *La part maudite* – Siksu piše: „Bujnost je lepa." Lepota je prekoračenje: ona je sve ono što nije funkcionalno, korisno, pragmatično, razumno. Ona je na strani čistog trošenja.

U knjizi *Neutralno,* nekoj vrsti tekstualne opere, kretanje naracije oslobođeno je svake reprezentacije, spoljnjeg odnosa a ipak se ne strukturira u deskriptivnom: fantazmi, citati, dvojnici, pesnici i revolucionari: Marks, Frojd, Šekspir, Helderlin, Milton. Neutralno–ne-uter, ni jedan ni drugi pol, jeste priča o priči, naracija o naraciji, ili citat o citatu: pisanje iz kojeg probija uvek dvostruko značenje: neutralna mogućnost narativnog ispisuje se kroz postupak kalemljenja reči i zvukova iz drugih tekstova. Različiti epigrami ispisani u tekstu dovode ga u vezu s drugim tekstovima i drugim disciplinama. Holokaust spaljuje sve znake i identitete. „Bez imena, bez snage, bez godina, bez vida sam." Lišena svetlosti, prostora, vremena, svih predikata bića, ali i kretanja i želja. Telo koje nikad nije identično sebi i celovito, nikad kastrirano i kastrirajuće, nikad jedan ili drugi pol, stalno rađa samo sebe. „Sve je dvostruko: tekst navodi samog sebe: Jedno nije bez drugog", nikad f bez f' ni J' bez J, ni muško bez ženskog. Čitalac je uvučen u igru. Neutralno uvodi rez u arhive akademske književne kritike i njene ideologije. Ni fikcija ni kritika, to je naracija koja se kreće između institucionalizovanih barijera, i koja obiluje semantičkim promenama, „loše spojenim metaforama": pismo – sème i s'aime: ono seje i voli sebe sama. Operacija kalemljenja kod Elen Siksu sastoji se u stvaranju najvećeg broja značenja kroz jedno gotovo hijeroglifsko pismo. Subjekt kao tekstualna mašina piše i sam je napisan: utoliko je pismo uvek autobiografsko: narativno funkcioniše u isti mah: poput analize – raščlanjavanjem reči, ukazivanjem na semantičko polje: f (feu, fiction, fil, fils), i na osnovu foničkog kontigviteta phallus, phoenih – jesu imena za pisanje. *Neutralno* u znaku feniksa pisano je na tom ne-mestu polne neodređenosti u jeziku koji sagoreva i rađa se iz pepela. Odnos sa Drugim jeste odnos ljubavi i želje: ljubav kao strast ispod jednostavne dihotomije tueur--tué, ubica i žrtva, koja čini mrežu moći.

Knjiga *Portret sunca* jeste autobiografski tekst čiji se naslov poigrava sa odjekom zapadnjačkog heliocentrizma. Sunce je poreklo, bog, otac, kapitol. Napraviti portret sunca znači predstaviti ono što se ne može gledati (poput smrti, na primer), nemoguće načiniti mogućim, predstaviti nemoguće, udvojiti ono što je jedinstveno, načiniti od njega kopiju. Gledanje u sunce oslepljuje i evocira kastraciju.

Portret je, na izvestan način, ženska priča o očima: priča koja ispisuje strukturu očiju drugačije. Lirizam i ekspresija grade gusto tkivo intertekstualnosti s one strane žanra, brišući pojam stvaraoca, autora, originalnosti. *Portret* postaje telo rođeno između i na preseku čitanja i pisanja.

U knjizi *Novorođena,* patrijarhalno: spoznaj sebe sama, zamenjuje se pozivom: piši samu sebe. Siksu dovodi u pitanje Hegelovu želju za stalnim prepoznavanjem, vladavinu vlastitog, i zagovara tekstualno oslobađanje kroz poetsko pisanje u dijalogu sa filozofijom i psihoanalizom. Kako žena može da uđe na scenu stvarnosti? Mora sebe da misli i da misli svoju snagu delovanja i transformacije na preseku Zakona i Želje. Poput Frojdove Dore, ona mora sebe da odseče od zakona (i očiju) gospodara i da se baci u kretanje istorije i javnog. Tekstovi su uvek i tekstovi transformacije. Piši sebe sama jeste poziv koji ona artikuliše u knjigama *Novorođena, La, Pristupanje pismu.* Ovaj poziv ugrađen je i u tekstove fikcije kao što su *Souffles, La, Angst.* Njeno nastojanje u ovim delima uvek je dvostruko: preći sva mesta sa kojih žena biva isključena (fikcija, mit, psihoanaliza) i stvoriti subverzivnu fikciju koja nije predstavljanje realnog već fantazmatsko pisanje koje ukida cenzuru i represiju žene.

Omiljena slika Elen Siksu jeste Meduza: ona je lepa i ona se smeje. Smeh – pojam koji je odsutan u Hegelovom diskursu – slama negativan momenat smrti i vraća ženu životu i kretanju. Žena mora da izađe iz ćutanja i da piše. Ona mora da otkrije mesto svog uživanja i da ispiše njegove efekte. Žena mora da piše.

Elen Siksu piše: ona je ime za „žensko pismo".

IZMEĐU POEZIJE I FILOZOFIJE

Žene su ukliještene između želje da budu
prihvaćene i potrebe da javno iskažu svo-
ju transgresiju. Da bi našle svoje mesto,
svoj glas, one moraju, uz opasnost da će
zalutati ili pogriješiti, ili u sav glas izviki-
vati svoju različitost ili je – izbrisati.

Beatris Slama

KRISTAL – PRAZAN OBLIK, BOGAT SAMO ZBOG SVOJE NEODREĐENOSTI

Pisati danas o poeziji Anice Savić-Rebac predstavlja dvostruki izazov. Izazov jer je reč o nekome ko je svrstan među „značajne minorne pesnike" i o nekome ko se pominje kao „ženski pesnik". Zato ćemo u ovom tekstu nastojati da poeziju Anice Savić-Rebac čitamo oslobođeni bilo kakvih postojećih vrednosnih ili kategorijalnih odredbi i polazeći od dva teorijska stava. Kao semantički predmet, tekst, odnosno pesmu karakteriše, kao i sve retoričke diskurse, težnja ka polisemiji. Kao umetničko delo, pesma ima za cilj totalitet značenja, odnosno redukovan model sveta. Imajući u vidu ova dva teorijska stava pokušaćemo da ispitamo specifičan status pojedinih reči u poeziji Anice Savić-Rebac. Reč je, naime, o pokušaju da se tekst otvori, da se prati način na koji se on nudi čitanju ako se čitanje ispisuje unutar semantičkih polja koja se grade oko pojedinih reči.

U najopštijem smislu, tematika pesama Anice Savić--Rebac, u zbirci *Večeri na moru,* sabira se oko polarizovanih odnosa: odnos mikrokosmosa i makrokosmosa, prirode i kulture, duše i spoznaje, prostora i vremena, Logosa i Erosa. No, unutar zbirke mogli bismo izdvojiti pesme okrenute antici: „Momenti iz *Odiseje",* „Homer", „Praksitel", „Homeru", „Safijska oda", „Istine"; pesme koje se bave sudbonosnim vibracijama svemira, trenucima intimne biografije pesnikinje, putovanjem duše koja žudi za spoznajom i stapanjem sa beskrajem: herojski monolog Davidov, Geteov monolog na Breneru, susret sa Danteom u apeninskom pejzažu, toskanska elegija koja nam nagoveštava prisustvo Šelija i, najzad, pesme o prirodi, godišnjim dobima, cveću, maglama, zvezdama, morskim prizorima. U gotovo svim pesmama pejzaž se javlja kao realni i metafizički okvir poetskog izraza. Reč je o čitanju kulturne istorije na razuđenom tlu mediteranskog pejzaža. Asocijacije iz kulturne istorije naseljavaju noć, suton, maglu, vibriraju sa prirodom. Igre svetlosti, konstelacija zvezdanog neba ili morska pena samo su tekstualno platno na kojem se tka strasno poverenje u kulturu, u duhovnost sveta. Kosmos kao i more, svetlost kao i tama elementarni su koliko i misao i duhovnost oko kojih se mreži ljudsko postojanje. Umetnost je govor sveta, njegovo unutrašnje opravdanje.

Ako govorimo o tonalitetu pesama Anice Savić-Rebac, možemo reći da je taj tonalitet suštinski određen koliko zanosom i žudnjom za lepotom toliko i divljenjem pred spoznajom. On svedoči o osećaju koji nastaje kada se spoje umno i telesno, kada u srce puno mraka uđe svetlost jedne svesti, kad čitava priroda progovara:

A duboko srce planine se kreće
U žilama mračnim i srebrnim kuca,
Peva kroz izvorske stubove i stabla.
        („Kroz planinu")

Što se ritma i melodije tiče, Anica Savić-Rebac svoje pesme oblikuje tako da rasipa strukturu pesničkog tkiva dajući joj tako spektralnu širinu, ostvarujući usporen tok, koji se lomi na krajevima stiha kao da pesnička struktura oponaša prividan dah tela, čas zadihan čas prigušen, dah tela koje se izvija lomeći se na ritmičke celine.

Govoreći o poeziji Njegoševoj, o *Luči mikrokozma*, Anica Savić-Rebac piše da je on „parafrazirao misao poznoantičkih mistika kako se cela materijalna kreacija potresa trzajima duha". Istu misao srećemo i u njenoj poeziji, na primer u pesmi „Ditiramb":

Kroz tajni govor srca zemlje
Božanska izbila je reč,
K'o izvor prav i nesavladan
Iz udova ti nagih zrači.
(„Ditiramb")

To je poezija epiteta, postupak koji podrazumeva personifikaciju neživog, upotrebu apstraktnog, nabrajanje istih reči u pesmi, upotrebu prideva ili priloga šireg značenja, ekspresivne zvučnosti. Poezija u kojoj se pojmovi svetlosti uzajamno pojačavaju tim pre što su istaknuti na planu pomrčine:

Zracima sporim, nestalnim, i toplom pozlaćenom ta-
mom.[...]
     Svetlosti što ničeš
     iz tame!
(„Maris stella")

Raniji kritičari primetili su da metaforika ove poezije ne pokazuje visok stepen kreativnosti, da se najveći broj reči, prideva, ponavlja. Čini nam se da je to jedna od odlika ženskog stvaralaštva. Litotičnost, ekonomičnost u izrazu, spiralnost: upotreba istih pojmova na drugom mestu...

Tone kao u zlatu iz priča, u zlatu bezbroj propalih
                                      brodova...
Visoko mlazevi bleda zlata venu.
(„Momenti iz *Odiseje*")

Upotrebom istog prideva na različitim mestima usložnjava se značenje reči i slika dobija u simboličkoj gustini.

Reči koje se najčešće pojavljuju u poeziji Anice Savić--Rebac su more, kristal, zlato, zvezde. To su upravo one reči oko kojih se i artikuliše jedno moguće čitanje Aničine poezije. Stilistički sistem koji ovim rečima daje vrednost, u celosti je sadržan u tekstu. Reči se definišu horizontalno – reč u tekstu pripada u isti mah subjektu pisanja i primaocu poetske poruke, i vertikalno – reč u tekstu usmerena je ka prethodnim književnim kontekstima. Takva jedna koncepcija čitanja poezije podrazumeva prostornu koncepciju poetskog funkcionisanja jezika, to jest ona računa da se diskontinuitet teksta čita u kontinuitetu konteksta.

RAĐANJE MORA – PESME

Jedna od reči-jezgara koja je u osnovi mehanizma tekstualne produkcije Anice Savić-Rebac jeste reč more. More može biti melanholični simbol neizbežnog kraja svih ljudskih poduhvata

More se širi kao očajna težnja k Beskraju
(„Snovi")

ili simbol praznog mesta, nulti stepen smisla

Zagonetno neko i strašno more
Bije o granice vidokruga.
(„Jedno veče")

sa kojim počinje svako rađanje, svaka transformacija – od neuobličenih mogućnosti do jedinstvene forme – svako stvaranje.

U pesmi čiji je naslov „Maris stella" pored opisa venecijanske atmosfere jednog popodneva, naslovom se evocira zvezda zaštitnica mornara. U isti mah, pesma je građena tako da ukazuje na dublje značenje vode. Prema Žilberu Diranu, voda prethodi svakom stvaranju i svakom obliku, voda se, dakle, nalazi na početku i kraju događanja. Na vodi počiva Venecija – simbol duhovnosti i misaonog pregnuća. Mariš stella je zaštitnica mornara koji su se otisnuli na plovidbu. Plovidba je otiskivanje u nepoznato, nešto opasno. Sa pisanjem je ista stvar. Voda, odnosno more, na neki način predstavlja sinonim za rađanje smisla. Morska pena je izomorfna pisanju jer i jedan i drugi pojam poseduje zajedničke seme: belinu i diskontinuitet:

Vetar što seje bele cvetove pene po moru.
(„Maris stella")

Vali metaforički upućuju na osporavanje svake materijalnosti

More se širi kao očajna težnja k Beskraju.
(„Snovi")

Iz vode, iz morske pene rađa se, poput Venere, pisanjem – umetnost, Venecija. Semantičko polje koje se gradi oko reči plovidba (brod) i koje upućuje na pisanje – a čija se sloboda vezuje za opasnost – u isti mah je i ona vertikalna linija ove poezije oko koje se semantizuju parovi: visoko/nisko, nebo/more, svetlost/tama, život/smrt, uzdizanje/silaženje, nebo/zemlja:

Znam: Kad se prenu u buri, i let im se vihorom raste
Kao albatrosu – roniš i ti tad iz istih dubina:
Levkotea s velom spasenja; znam: kad se stiša daljina,
Čeka dar borbe i bure, nausikaa večnih obala:
Privučena dušinom čežnjom sa sfernih dalekih koluta.
(„Maris stella")

Ove opozicije modalizuju i/ili pojačavaju temeljnu opoziciju kosmos/logos/anthropos.

RAĐANJE ZVEZDE – ČITANJE

Zvezda je zaštitnica i vodič na opasnom putu, u opasnoj plovidbi stvaralaštva. Zvezda ukazuje na čistotu i fenomenalnost bez fenomena, na vizuelnu nirvanu. Umetnost je pogled vezan za transcendentalnost. Sve se odigrava u pokretu gledanja, u tom pogledu umetnosti. Zvezda je metafora Venecije ali i stvaralaštva. Zvezde oblikuju kosmički dekor plovidbi. Čovek uređuje konstelacije ostvarujući „čitanje" kosmosa. Kada se govori o poeziji Anice Savić-Rebac, pominje se nostalgija za slavom davnih mitskih vremena i za belim rajem helenske lepote. Nama se čini da je umiranje antike metafora za umiranje smisla shvaćenog kao konstituisani horizont na koji se poziva povezanost označavajućih. Nasuprot tome nudi se vrtlog jednog neodređenog smisla, pojačan upotrebom sema vode i kristala.

KRISTAL – PRAZAN OBLIK

Kristal je prazan oblik, bogat samo zbog svoje neodređenosti. On u sebi sažima tu nestabilnu polarizaciju izvesnost/neizvesnost jednog ostvarenog oblika. To je težnja ka onom trenutku u kojem duh postaje izvesnost u stvaranju, u otimanju oblika, u beskonačnom umnožavanju:

Kroz tamni kristal noći, u nizu bezdanih ogledala
Seva tvoj jutarnji lik, bezbrojan, isti i nov.
(„Pesma suncu na ishodu")

Nasuprot kristalu i vodi – fluidno i prazno – postoji zlato. Semantizam ove supstance ukazuje na simboliku intimnog. U pričama, zlato se uvek nalazi zatvoreno u kovčegu, u tajnoj sobi. U alhemiji, kao skrivena, tajna supstanca, zlato ukazuje na supstancijalno načelo stvari. Govoriti, pisati znači suštinski menjati vidljivo u nevidljivo, spasti vidljivo stvaranjem jezika odsustva i nevidljivog, jezika suštinskog.

Tamno-modre struje i oblaci me k zapadu zovu,
gde sunce
Tone kao u zlatu iz priča, u zlatu bezbroj propalih
brodova...
Visoki mlazevi bleda zlata venu
Posred modrih oblaka i maglovitih stena...
("Momenti iz *Odiseje*")

Element koji u poeziji Anice Savić-Rebac prati zlato jeste svetlost. Moglo bi se reći da je njena poezija – poezija svetlosti, isijavanja, zračenja. Sunce, mesec, zraci samo su varijeteti svetlosti, neka vrsta junaka poezije. Sunce je simbol, ličnost velike kosmičke drame. Kontemplacija sunca u sumrak, u vreme kada ono crveni i gubi svoju jačinu, za pesnikinju je povod za neku vrstu melanholične meditacije. Zalazak sunca nije spektakl svetlosti i boje nego pre izvor osećanja zebnje. Inspiraciju pesnikinja ne nalazi u veličanstvenosti sunca nego pre u njegovom iščezavanju, u osećanju da se suočavamo sa uznemirujućim prisustvom natprirodnog unutar prirode. Zalazak ili izlazak sunca samo su motivi koji poprimaju metafizičke razmere. Mnogo godina kasnije, pišući o Njegoševoj *Luči mikrokozma*, Anica Savić-Rebac prepoznaje isti pokušaj da se pesnički doživi neka vrsta misaonog iskustva, odnosno prepoznaje isto nastojanje da se pesnički doživljava filozofija: "Ono što najviše fascinira Njegoša to su svetlosne bure u beskraju, ronjenje mladih sunaca iz ponora, paralelizam svetova i umova, a više svega, svetlost kao središte i suština kosmosa."

Srebrno svešteno sunce u mračne se spušta jelike.
("Jutro")

171

Osmejak zlatan, k'o zrak njinog umrlog sunca.
(„Praksitelu")

Umiru velika sunca vazdušna ognja i bleska.
[...]

Umiru sunca k'o lopte crvenih i zlatnih božura.
(„Istine")

Naravno, kad piše o Njegošu, Anica Savić-Rebac je već neko ko pouzdano vlada filozofskom mišlju, žena od pera i veliki poznavalac evropske kulture. U poeziji ona je, gotovo intuitivno, jer reč je o njenim počecima, označila i premrežila svoja buduća interesovanja. Ona koja će prerasti u bavljenje filozofijom.

Pomenuli smo da je osnovna opozicija oko koje se tka najveći broj pesama opozicija anthropos/kosmos. U pojedinačnim pesmama ova opozicija manifestuje se i umnožava kao opozicija čovek i univerzum, kao par kultura i priroda, subjekt i objekt, Logos i Eros. Logos i Eros su dva atributa života koja prate i koja sama zazivaju dva odnosa prema svetu: posedovanje i zavođenje:

Noćas su nam zvezde bliske kao cveće.
(„Put")

Cvet, miris, pripadaju svetu zavođenja, njegovim strategijama. To je onaj odnos koji se suprotstavlja čitanju konstelacije zvezda. Konstelacija zvezda je ono iluzorno mesto gde u isto vreme postoji kosmički slučaj i gde čovek uspostavlja svoj red; uređujući haos čovek ostvaruje čitanje kosmosa. Zvezde se otuda smeštaju na strani ose delovanja. Cvet pripada prirodi, Erosu, zavođenju, osi posmatranja:

Sada, u času kad procvali vrtovi vladaju svetom.
(„Proletnji ditiramb")

172

i neočekivanoj nežnosti oblika,
i s obojih struji miris koji, stran čulima, osvaja dušu.
(„Kamelije")

Stoga bi se moglo reći da se pesme Anice Savić-Rebac kreću između ova dva moguća pola: Logos i Eros. S jedne strane, težnja duše ka spoznaji, stapanju s beskrajem, gašenje nemira u vatri saznanja, uređivanje kosmičkog haosa u svemirski–ljudski red i, s druge strane, Eros, posmatranje prirode, zvezdanog neba, sunčeve svetlosti, uranjanje u miris, u telo prirode, poniranje u zagrljaj sveta:

u času kad procvali vrtovi vladaju svetom.
(„Proletnji ditiramb")

I blista svod mirisa noći južne
S bokova zvezdanih lovora i mirte.
(„Put")

Priroda se može čitati i kao strasni, ljubavni odnos.

U zbirci *Večeri na moru* jedno poglavlje ima naslov „Lucifer". Ovaj naslov pokriva četiri pesme: „Preludium", „Pesma u noći", „Ditiramb", „Proletnji ditiramb". Dakle, već naslovi pesama ukazuju ili na pesnički oblik ili na samu poeziju. Postavlja se pitanje otkuda zajednički naslov za ove četiri pesme Lucifer. Lucifer bi mogao biti neka vrsta metafore za položaj pesnika pred hartijom: od reči se očekuje svetlost i izbavljenje kao od anđela nebeskog. Lucifer je nosilac svetlosti, Zornjača, noćno sunce. On se, poput zvezde, primećuje ili čita na tamnoj osnovi, zato je jedini Princ pakla. Etimološki, reč označava i fosfor. Fosfor gori u mraku. Lucifer bi, stoga, mogao biti i simbol pesničke moći. Pesma je ta Zornjača, to noćno sunce, težnja da misao-pesma prevlada svet mraka i haosa. Lucifer se smešta na stranu negativnog, subverzije, razaralačke moći. To je istovremeno ona moć na koju ipak računa poezija. Poezija je to noćno sunce ali, istovremeno, i ljubavni doživljaj:

> *Ti si tajanstven i jasan k'o svet, i blizak i dalek,*
> *i dobar i zao,*
> *Ti si ponor i zlatan most, i demon i anđeo, i*
> *svetao pogled iz mračnih dubina,*
> *Mračan i svetao kao nebo pozne noći sa zvezdom na čelu.*
> ("Preludium")

Sve četiri pesme doživljavaju se kao pohvala poeziji, njenoj višeznačnoj moći, kao i pohvala ljubavi. Tek strasni, ljubavni odnos sa rečima daje onu veliku, pravu poeziju:

> *Volim te, sine krša vrela,*
> *[...]*
>
> *Uz tebe sve se strasno svija:*
> *Bujica svetla hrašća mitskog,*
> *I divlji miris cvetne loze,*
> *I ljubav nimfa, krik zverova.*
> ("Ditiramb")

U pogledu ritma i melodije, Anica Savić-Rebac oblikuje svoje pesme tako što rasipa strukturu pesničkog tkiva ostvarujući određenu spektralnu širinu. Zahvaljujući usporenom toku koji se lomi na krajevima stiha, kao da pesnička struktura oponaša prividan dah tela, čas zadihan čas prigušen: dah tela koje se izvija lomeći se na ritmičke celine:

> *Kroz tajni govor srca zemlje*
> *Božanska izbila je reč,*
> *K'o izvor prav i nesavladan*
> *Iz udova ti nagih zrači.*
> ("Ditiramb")

Anica Savić-Rebac napisala je, u svojim ranim danima, i tri drame koje su, tek nedavno, prvi put štampane: *Poslednja sveštenica Palade Atine, Nioba i Elektra*. Iz samih naslova jasne su nam teme i motivi ovog ranog Aničinog ogledanja. Reč je o antičkim temama. No izvan pokušaja da ova dramska dela Aničina podvrgnemo oceni ili nekoj dubljoj analizi, čini nam se da su ona značajna sa jednog teorijskog stanovišta. Pišući svoje drame Anica Savić-Rebac je na neki način brisala osnovni postojeći tekst (antički likovi, teme) da bi zatim pisala novi, podražavajući postojeći model. Dakle, Palada Atina, Elektra, Ifigenija, dominantne figure jednog subverzivnog ponašanja, i same se, na neki način, izlažu subverzivnom interpretiranju. Reč je o pastišu, postupku koji ukazuje na shvatanje literature kao palimpsesta. Iz te perspektive, građenje dela vezuje se za ludijsku aktivnost – za igru. Upućujući na palimpsest, koristeći se pastišom kao postupkom Anica Savić-Rebac zapravo zagovara stav da je literatura privilegovano sredstvo spoznaje. Čitanje (u ovom slučaju antičkih tekstova) produžava se u čisto kreativnu aktivnost konkretizovanu činom pisanja. Stvaranje se poklapa sa pažljivim čitanjem „prethodnih dela". Shvaćeno kao „poiein" čitanje se javlja kao nužni koroler pisanju. Prožimajući spoj tog „čitanja–pisanja" biće odlika i kasnijih Aničinih radova.

Knjigu poezije Anice Savić-Rebac kritika je dočekala kao „žensku knjigu". Konotacija „žensko", kad je o poeziji reč, imala je isključivo negativno značenje.
Anica Savić-Rebac prestala je da piše poeziju. Počela je da se bavi filozofijom. Za nas, međutim, nisu toliko bitni razlozi zbog kojih ona više nije pisala poeziju. Za neka moguća promišljanja dovoljna je i činjenica da je sa poezije prešla na filozofiju: „prava misao ne zna za pol", u ko-

joj se uspešno ogledala praveći sebi mesto među „jakim dominantnim subjektima".

Punu svoju zrelost i originalnost pokazaće Anica Savić-Rebac u svojim teorijskim radovima, u *Pretplatonskoj erotologiji* i *Antičkoj estetici*.

U knjizi Rebeke Vest, engleske spisateljice koja je objavila knjigu putopisa po našoj zemlji, pominje se i Anica Savić-Rebac. Rebeka Vest je opisuje kao izuzetnu i posve neobičnu osobu koja u velikoj meri prevazilazi okvire sredine u kojoj živi. „Ambiciozni intelekt", piše Rebeka Vest.

Anica Savić-Rebac *Antičku estetiku* piše kao prilog istoriji ideja, odnosno njen fragmenat. To iznenađuje – treba se prisetiti činjenice da taj cilj sebi postavlja neko ko živi u maloj kulturnoj sredini (bez obzira na to kakve je intelektualne i lične veze Anica Savić-Rebac mogla da ima u to vreme) i neko ko je žena – dakle: dvostruko marginalan.

Postoji, naime, jedna varka, zamka u tradiciji zapadnjačkog mišljenja: to je privid kojim je kao univerzalno i od opšteg značaja u kulturi predstavljeno ono vladajuće. Naruku toj istorijskoj prevari išla je i filozofija kao teorija s pretenzijom na univerzalno i kao volja za moć. Žensko se redovito tumačilo kao partikularno. Univerzalno je, na prećutan način, dobilo sve karakteristike muškog.

Kad govori o Zakonu, Hegel razlikuje ljudski zakon (zakon muškarca, države, etiku) i Božanski zakon (zakon žene, porodice, kult mrtvih i religiju).

U zakonu kao društvenom i političkom konsensusu, žena ne učestvuje kao takva; ona je uvek izgnanik u odnosu na Smisao i Opšte. Ona je ono singularno, čak: pojedinačna manifestacija pojedinačnog. Zato je filozofija uvek smešta na stranu te pojedinačnosti koja prethodi imenu i smislu: ona je ono demonijačko, odnosno – veštica. Kad pristupa pisanju, žena je izgnanik: izgnanik iz svoje zemlje, jezika, pola, identiteta. Anica Savić-Rebac je bila, česti su oni koji to kažu, „usamljeni stanovnik mističnih sfera", obraćenik kabale...

U filozofskom diskursu, u njegovoj poziciji da vlada i pretenziji na opštost, Anica Savić-Rebac mogla je utopijski imati na umu ukidanje razlike između polova. Opšte je mesto naše kulture da „prava misao" ne zna za pol. Verovatno tu leže i koreni njenog utopijskog uverenja da bez intelektualizma nema velike poezije. Ne treba pri tom zaboraviti da je „lirizam" prečesto imao negativne konotacije. Otuda i vezivanje, reklo bi se, Platona i apstraktne umetnosti. Anica Savić-Rebac potpuno je bila usvojila stav umetnika i teoretičara modernih pravaca koji su smatrali da su duh i apstraktno ono što je istinski ljudsko. Rađanje inteligibilnog kod Platona, u vidu dijalektike, i matematička metoda koja kroz apstraktne idealitete u geometriji razmatra univerzalno po sebi, vrhunac je filozofske misli, po Anici Savić-Rebac.

Govoreći, u *Pretplatonskoj erotologiji,* o istoriji duhovnog razvoja čovečanstva, Anica Savić-Rebac kaže: „Kako će nam se ona prikazati, to umnogome zavisi od principskog opredeljenja istraživača prema tome problemu. Da li će istraživač tražiti različnosti između pojedinih struja ili njihovo bitno jedinstvo, od toga će zavisiti umnogome ne samo izgled celokupnog duhovnog života čovečanstva, nego i rešavanje pojedinih pitanja."

Nije teško ovaj stav Anice Savić-Rebac dovesti u vezu sa Sosirovim stavom: „Tačka gledišta određuje svoj predmet." Izbor stanovišta može u ovom slučaju biti ona neophodna mera opreznosti sa kojom je Anica Savić-Rebac odredila prostor ispitivanja u oblasti u čije se postojanje delom još sumnja. S druge strane, tačkom gledišta može se objasniti i struktura Aničine knjige, odnosno mesto koje u knjizi pripada Platonu i Aristofanu ispred Aristotela. Razlog ovakvom vrednovanju jeste, očigledno, Aničino shvatanje teksta. Ona daje prednost ironiji, parodiji, višeznačnosti. U domenu kritike, to bi mogao biti prevod ideala o otvorenoj, polisemičnoj literaturi. Kritičar, čitalac jeste odgonetač smisla. Sfinga Platon, kaže Anica.

Anica Savić-Rebac je smatrala da poetike pesnika treba tražiti u književnim delima, odnosno da treba zaključivati iz pesničkog teksta. Takav stav nije daleko od principa imanencije. Anica je svoju knjigu završila početkom šeste decenije ovoga veka.

U uvodnom delu studije Anica Savić-Rebac kaže da će pokušati da spoji dva metoda: filozofski i istorijsko-filološki. Koristeći našu „rešetku" možemo reći da je uspela da spoji, s jedne strane, filološku analizu – uspostavljanje jezika epohe i uključivanje dela u korpus kome pripada: dela istog autora, njegova biografija – i, s druge strane, uspostavljanje intertekstualnih odnosa, ili, da reaktualizujemo njen termin, „naročita primena istorijskog materijalizma", to jest rekonstruisanje istorijskog ili ideološkog konteksta: drugi diskursi tog vremena – politički i filozofski.

„Draga moja Lu, piše Niče u pismu objavljenom u knjizi Lu Andreas Salome o Fridrihu Ničeu, vaša ideja da filozofske sisteme svodite na dela njihovih autora zaista je sjajna: i sam sam u Balu u tom smislu predavao istoriju antičke filozofije: govorio sam slušaocima. Taj sistem je pobijen i mrtav, ali ličnost koja se nalazi iza sistema neoboriva je: nemoguće je uništiti Platona, na primer."

Naime, Niče je smatrao da filozofske sisteme treba prosuđivati na osnovu dela njihovih autora. Kasnije se vratio na tu istu ideju, ali u drugom obliku. „Shvatio sam, malo-pomalo, šta je, do sada, bila velika filozofija: ispovest njenog autora i neka vrsta nehotimičnog i neopaženog pamćenja."

Pravo značenje jedne misli Anica Savić-Rebac traži u ljudskoj nameri koja ideje inspiriše, u ponašanju kojem vodi, u prirodi vrednosti, koje usvaja ili osuđuje mnogo više nego u samom spekulativnom iskazu. Govoreći o Platonu ona kaže: „Doktrina o lepom nastala je iz njegovih najdubljih intelektualnih i psihičkih sklonosti, kao nesvesna kompenzacija za osudu poezije." Ili: „Stvaranje estetske doktrine na pozadini jedne skoro integralne osude poezije, bar poezije koja je ostvarena, i koja je značila najviši domet pesničkog genija helenskog, ostaje skroz paradoksalno: i koegzistencija tih dvaju pravaca misli bila je moguća samo i jedino u parodičaru i ironičaru, u 'potajnom aristofaničaru', Platonu."

Isti postupak možemo primeniti i na samo delo Anice Savić-Rebac. U knjizi *Antička estetika* ona se usmerava na ispitivanje istorije ideja, motivskih konstanti u književnosti i filozofiji, i time se otvoreno opredeljuje za univerzalni jezik, odnosno za filozofiju kao teoriju sa pretenzijom na univerzalno.

Moglo bi se reći da se delo i poduhvat Aničin kreće u suprotnostima – između Logosa i Erosa, ili, da pojednostavim, između potiskivanja, brisanja sebe u želji za objektivnim, univerzalnim jezikom, i izbijanja i proboja želje, odnosno u jednom sasvim modernom shvatanju odnosa čitaoca i teksta.

Svako čitanje, pa i naše, odvija se unutar strukture (makar ona bila složena, otvorena) a ne u prostoru za koji se pretpostavlja da je slobodan za jednu spontanost. Čitanje ne premaša strukturu: njoj je podređeno, potrebna mu je i ono je poštuje: ali je pervertira. Čitanje je gest tela (jer, naravno, čitamo telom) koje jednim istim kretanjem zasniva i pervertira svoju prirodu. Sam akt čitanja određen je zakonom: zakon čitanja ne vezuje se samo za kulturu već i za jednu bizarnu instancu smeštenu na granici Istorije i Mode. Postoje zakoni grupe, mikro zakoni, zakoni opredeljenja, metoda. No, mi sebi dajemo pravo da se toga oslobodimo. Tu interveniše potiskivanje. Anica Savić-Rebac je to pravo da ne govori u ime bilo kakve filozofije, opredeljenja, („istorijskog materijalizma" – kada je to gotovo bilo obaveza – identiteta ili pola, koristila u velikoj meri. Potiskujući zahteve sredine, trenutka ili mode, svoga pola, htela je da dosegne „univerzalnu objektivnost". To je možda mogla biti nesvesno svesna Aničina želja. Ali strukturi se opire Želja. Svako čitanje prožeto je željom. Želja nadvladava potiskivanje. U tom smislu sigurno je da postoji erotizam čitanja. Za čitanje Anice Savić-Rebac reći ćemo da je jedno posebno čitanje, da postoji posebni odnos prema tekstu. Novije francuske teorije teksta govore o Erosu čitanja, gde se subjekt, čitalac identifikuje sa ljubavnim subjektom. Odnosno, čitalac je sav u ropstvu Imaginarnog, sva njegova ekonomija zadovoljstva sastoji se u negovanju dvostrukog odnosa sa knjigom (to jest Slikom): neko ko je prilepljen uz knjigu kao što je to dete uz Majku ili Zaljubljeni pred voljenim licem. Anica Savić-Rebac, žena od pera, filozof od kulture, veliki poznavalac ideja svog vremena, usamljeni šetač kroz antičku tradiciju, predavala se potpuno onom o čemu je pisala. Autorima prošlosti prilazila je kao prijaznom telu koje ostavlja zavodljive tragove. Čitanje je prijateljska, pažljiva plemenitost, saučesništvo u želji. Kritičar i čitalac pronalazači su smisla. Anica Savić-Rebac prednost daje parodiji, ironiji, višeznačnosti, neizvesnosti tumačenja, odnosno igri pronalaženja smisla, zadovoljstvu u tekstu. Kao umetnost razlike i nijansi (to je definicija suptilnosti), zadovoljstvo ukida konflikte, izigrava opozicije, gradi tekst kao prostor harmonije. Onog trenutka kad Eros probije Logos, lik čitaoca iscrtava se kao lik pisca. To je Anici Savić-Rebac pošlo za rukom. Njena kritika funkcioniše uz mikroskop (strpljivo osvetljavanje filološkog, autobiografskog ili psihološkog detalja dela) ili uz teleskop (istorijski i idejni prostor koji okružuje autora). No, ona je otišla i korak dalje. Otvoriti tekst, izneti sistem čitanja kod nje ne znači samo pokazati da možemo slobodno da interpretiramo, nego da nema subjektivne i objektivne istine već ludijske istine: čitati znači upotrebiti telo protiv zakona teksta. Stoga je, u vrednosnom pogledu, kod Anice Savić-Rebac na prvom mestu Aristofan (poigravanje, varanje smislom): od različitih jezika u tekstu plesti gusto tkanje. Imenovanje filozofskih sistema iz teksta jeste za nju prostor uživanja. Euridika se ne okreće za sobom: njen cilj je uživanje u spoznaji, saučesništvo u tekstualnoj praksi antike: svaka individua je osuđena na svoju kožu. Telo Anice Savić-Rebac pripadalo je antici. Lepotu ona izvodi iz reda, proporcionalnosti, plemenite mere. (Ustaje protiv histeričnih napada na ljude ili ideje.) Jednom rečju, iz harmonije. Unutarnja lepota nastaje iz istih elemenata iz kojih i vidljiva. Unutarnja lepota je vrlina, dobro. Žena krije u sebi taj žar s kojim sledi cilj, on im ništa zauzvrat ne donosi: i dalje vole one koji ih eksploatišu i veruju u ogromnu društvenu armaturu koja daje privid korisnosti i vrline i najsramnijim računima. Ko misli svet u pojmovima harmonije a ne borbe, darivanja a ne razmene – gubi životnu opkladu.

Podsetiću na kraju na Andersenovu bajku „Mala sirena" jer mi se čini da jedna njena moguća „ženska" interpretacija može „simbolički" da pokrije sudbinu i ličnost Anice Savić-Rebac.

Mala sirena, koja se zaljubila u princa spasavši ga sigurne smrti pri brodolomu, preobražava se, uz pomoć veštice, u ženu. Umesto repa dobija par bolnih i krvavih nogu a zauzvrat daje svoj lepi glas. No, to odista „prirodno" stvorenje ne uspeva da bude voljeno: princ više voli princezu odgojenu kako treba, u jednom manastiru, u čijim crtama lica, veruje on, prepoznaje devojku iz svojih maglovitih uspomena. Očajna, sirena se baca u more a kao nagradu za svoju ogromnu ljubav dobija večnu dušu.

Dve su moguće pouke ili interpretacije ove bajke, smatra Vivijen Forestje: svoj „prirodni" glas ne treba žrtvovati ničemu i nikome. Drugo: prava priroda i prava kultura nisu poželjni. Društveno je prihvatljiva ona kultura koja imitira prirodu, i to ne prirodu onakvu kakva ona jeste (pod pretpostavkom da to znamo) već onakvu kako je društvo zamišlja.

NIJE LI KNJIŽEVNOST...?

Nije li književnost, što god se pokušava-
lo da dospe do života, samo jedna divov-
ska fantazma protiv samoće, protiv smrti,
protiv vremena?

Šantal Šavaf

LU ANDREAS SALOME – EROS I LOGOS
ILI
IZMEĐU NIČEA I FROJDA

Lu Andreas Salome je mnogo poznatija s razloga svojih ljubavnih veza nego kao neko ko je napisao sasvim kompetentnu knjigu o Ničeu i uspešno se ogledao u psihoanalizi. O njoj se govori kao o ličnosti koja je inspirisala Frojda, Ničea, Rilkea. Ničeova slika afirmativne žene, odnosno Frojdova slika narcističke žene, inspirisane su, po svoj prilici, Lu Andreas Salome.

Afirmativna žena – Ničeov pojam – i narcistička – Frojdov pojam – nisu dva nespojiva pojma: reč je o tekstovima koji su objavljeni u periodu oko 1913. godine, kada Frojd nije još doveo u vezu narcizam sa hipotezom o nagonu smrti.

Po Frojdu, ljubav, posebno strast, donosi kao rezultat, kad je reč o muškarcu, osiromašenje libida u korist voljenog objekta. Drugačije stoji stvar sa ženskim tipom, „najčešćim i najverovatnije najčistijim i najautentičnijim tipom". Reč je o onom tipu žene kod koje pubertetski razvoj podstiče razvoj prvobitnog narcizma. Žena je usmerena ka lepoti, stanju u kojem je dovoljna samoj sebi. Takve žene vole pre svega sebe, isto onoliko koliko ih vole i muškarci.

> „Takve žene očaravaju muškarce ne samo iz estetskih razloga, one su obično najlepše, već iz razloga interesantne psihološke konstelacije."

Naime, narcizam jedne ličnosti očigledno privlači one koji su lišeni vlastitog narcizma i koji su u potrazi za ljubavnim objektom: čar deteta počiva, po Frojdu, dobrim delom, na njegovom narcizmu, samo-dovoljnosti, njegovoj nepristupačnosti. Isto važi za pojedine životinje kao što su mačke, ili velike životinje grabljivice: i veliki kriminalac ili humorista privlače nas svojim narcizmom koji im omogućava da budu na distanci od svega što bi ih uniižavalo. Ženu enigmatičnom čini njena narcistička samodovoljnost i njena indiferentnost: muškarac joj zavidi na neuhvatljivoj libidinalnoj poziciji: žena je znala da sačuva svoj narcizam dok se muškarac ispraznio od svoga prvobitnoga narcizma u korist voljenog objekta. Otuda večita muška nostalgija za izgubljenim narcizmom.

Govoreći o Lu Andreas Salome, Niče piše Gastu: „Ona je vidovita poput orla, hrabra kao lav a ipak ona je bezazleno dete.“

Muškarac zavidi takvoj ženi i traga za njom kao za izgubljenim rajem svog detinjstva. Narcistička žena poseduje „enigmatičnu rezervisanost“, daje se ne prepuštajući se i kad se daje, „plod njenog davanja ostaje u njenom okrilju“, govorio je Gete, koga citira Lu Andreas Salome na stranicama svog *Dnevnika.*

I Niče i Frojd smatraju da se žena, zahvaljujući svojoj nedodirljivoj libidinalnoj poziciji, može porediti sa detetom, sa velikim životinjama grabljivicama, mačkama, sa kriminalcima onakvim kakvim ih predstavlja literatura: svi oni privlače muškarca zbog svog narcizma, zastrašujuće nepristupačnosti, nezavisnosti, izvesne „nebrige“. Ukratko, oni fasciniraju svojim narcizmom koji konstituiše suštinu svake želje.

U Frojdovom tekstu o narcizmu prepoznajemo ničeovske konotacije. Niče poredi ženu sa mačkom iz istih razloga iz kojih i Frojd. Mačka je nezavisna životinja, ne vodi računa o čoveku, afirmativna, dionizijska životinja kakvi su tigrovi ili panteri.

Lu Andreas Salome je među prvima prihvatila psihoanalizu, upražnjavala je, radila s pacijentima. Ona je razvijala psihoanalitičku teoriju na svoj veoma ličan, uvek

„frojdovski način", u postupku, ali i često raspravljajući i ne slažući se potpuno s Frojdom kad je reč o sadržajima i implikacijama psihoanalitičkog učenja. Tim povodom će Lu Andreas Salome napisati otvoreno pismo Frojdu. Pismo je na neki način omaž pun divljenja za tvorca psihoanalize ali i ozbiljan doprinos diskusiji o nekim bitnim pitanjima psihoanalize. Frojd nije odgovorio Lu Andreas Salome; bio je njom, kažu biografi, „opčaran" i možemo slobodno pretpostaviti da mu je poslužila kao model za figuru narcističke žene.

U čemu su prigovori Lu Andreas Salome? Ona je, kao retko ko onda – danas su mnogo češća čitanja koja razloge za mnoge Frojdove stavove u psihoanalizi nalaze u njegovoj ličnosti – primetila osnovnu protivrečnost, odnosno sukob u ličnosti samog Frojda: sukob između njegove sklonosti ka „razumu" – Frojdov falocentrizam jeste samo krajnja konsekvenca njegovog logocentrizma – i neophodnosti, nužnosti, koja je u osnovi psihoanalize, da se istražuju tamne, „iracionalne sile". Lu je dobro primetila i uočila tu stalnu borbu u Frojdovoj ličnosti: ne samo sa „otporima" pacijenata već i sa onim što je ona nazivala otporom „Frojdove prirode". Reč je o otporu prema razotkrivanju svega onog što je potiskivanje čuvalo kao tajno, skriveno kod drugih ali i kod njega samog.

Frojd je, smatra Lu, morao da ostvari veliku distancu u odnosu na svoje sudove, ideologiju, moral, da odbaci jedan deo sebe sama kada je pristao da analizi izloži svoje sopstvene snove, da bi zaronio u strani, nepoznati svet i izveo ga na svetlost dana. Lu Andreas Salome nije u svom pismu išla i do zaključka da Frojd zapravo nije uspeo da ostvari pomenutu distancu. To će pokazati mnogo kasnije čitanja žena-psihoanalitičarki. No, za nas je važno da je taj „model narcističke žene" sasvim dobro primetio osnovni problem Frojdove ličnosti, njegovu duboku rascepljenost, njegovu stalnu borbu između Razuma i Erosa. Tvorac teorije o seksualnosti prečesto je bio zarobljenik razuma. Lu Andreas Salome, pak, u svojim razmišljanjima o psihoanalizi prednost daje Erosu, svemu onom što je vezano za život. Za nju je ljudski život poetsko delo.

„... ljudski život – šta govorim, Život! – jeste poetsko delo. Budu-ći da toga nismo svesni, mi ga živimo iz dana u dan, fragmentar-no, ali Ono (poetsko delo) tka naš život, stvara pesmu. Daleko smo, veoma daleko od stare izreke 'načiniti od svog života umet-ničko delo' (od te kontemplacije sebe najbolje nas, i jedino, leči psihoanaliza): ne, mi smo autori tog umetničkog dela – našeg ži-vota.“

U tekstu „O ženskom“, odnosno u jednom od svojih predavanja, Frojd uvodi tezu o biseksualnosti. Ova teza služi mu da se odbrani od optužbi za antifeminizam. Bri-žljivija analiza, međutim, pokazuje da teza ima dve oštri-ce: ona Frojdu omogućava da stavi tačku na proteste i zah-teve žena i, s druge strane, ona mu omogućava da ponavlja najuporniji, najtradicionalniji falokratski diskurs o žena-ma. Šta kaže Frojdova teza o biseksualnosti? „To što ste vi žene inteligentne koliko i muškarci, to je stoga jer ste više muško nego žensko. Kod svake inteligentne žene preovla-đuje muški deo njene ličnosti.“ Vratimo se još jednom Lu Andreas Salome. Uzimajući je u jednom trenutku za model Frojd je mislio, očigledno, samo na jedan vid njene lično-sti, na njenu „psihološku strukturu“, zapravo na njen odnos prema muškarcima. Lu Andreas Salome kao žena koja mi-sli i piše, Frojda nije u dovoljnoj meri zanimala.

Teza o biseksualnosti, kako to dobro pokazuje Sara Kofman, omogućava Frojdu pomeranje metafizičkih kate-gorija: isticanje čisto spekulativnog karaktera opozicije muško/žensko vodi problematizovanju samog odnosa. To bi značilo, ako se razmišljanje proširi, da Frojd nije čisto i jednostavno muškarac – uvek postoji i onaj ženski deo nje-gove ličnosti – pa, dakle, on ne može da ima čisto muške predrasude. „Taj grif kojim se Frojd poslužio da bi se odbranio od optužbi za antifeminizam samo otkriva njegova metafizička predubeđenja."

Međutim, činjenica je da se Frojd nikada nije razmetao svojom „ženskošću" koliko se razmetao „muškošću" svojih ženskih kolega. Teza o biseksualnosti, koja važi za sva ljudska bića, konačno se „koristi samo kao strateško oružje u slučaju žena". Stoga mnogi Frojdovi kritičari smatraju da zalaganjem za tezu o biseksualnosti i isticanjem njene univerzalnosti on nastoji da bolje prikrije sopstvenu ženskost, svoju paranoju.

Od eventualne sumnje u paranoju Frojd se brani razlikovanjem, na pozitivan način, spekulacije – filozofske – od naučne opservacije, odnosno poričući svoju, bilo kakvu, obdarenost za filozofiju. Uvek su njegovi protivnici spekulativni: na primer – Jung.

„Ja nisam Jung, ja nisam paranoičan", ponavlja Frojd. Cilj predavanja „O ženskom" bio je da dokaže kako nije žrtva fiks-ideje o ženskom. **KOFMAN** Pa ipak, u istom predavanju, i u celoj svojoj teoriji, Frojd ponavlja i podvlači značaj uloge koju u formiranju ženskog ima nedostatak penisa.

Nije slučajno, ističe Sara Kofman, da predavanje „O ženskom" počinje uspostavljanjem opozicije između opservacije i spekulacije. Šta se čitanjem može izvući iz strukture Frojdovog predavanja? Moguće je, možda, pročitati i sledeći stav: moj diskurs se ne može vrednovati sa stanovišta njegove seksualne pozicije jer nije reč o patološkom subjektu. Ja koje govori ili spekulira jeste subjekt transcendentalne nauke, i njegove tvrdnje počivaju na činjenicama naučne opservacije.

Prečesto Frojdovo pozivanje na opservaciju i radikalno neprijateljstvo iskazano prema spekulaciji čini se sumnjivim: očigledno je da ono kod Frojda ima temeljno stratešku vrednost. **KRISTEVA** On nije mogao da se suoči sa ženskom seksualnošću zbog zebnje/užasa koje ona izaziva, zbog pretnje smrću, za koju se pretpostavlja da je ona nosi u sebi. Jer, ni smrti, kao ni polu žene, ne može se pogledati u lice. Pisati o ženskoj seksualnosti znači otkriti opasnu tajnu, znači razotkriti pogibeljni pol žene.

Zebnja od smrti se kod Frojda vezuje za dodatni strah: za otkriće preedipovskog − odnosno za otkriće radikalne drugojakosti žene. Jedno takvo otkriće rizikovalo je da izazove potpuni preokret u psihoanalizi. On to revolucionarno otkriće „drugog" − žene kao drugog − poredi s otkrićem mikenske civilizacije u odnosu na grčku. „Prodiranje u preedipovski period devojčice iznenađuje nas kao, u drugom domenu, otkriće mikenske civilizacije nakon grčke."

U svom otvorenom pismu Frojdu, Lu Andreas Salome proširuje pojam narcizma. Ona smatra da Frojd nije izvukao dovoljno iz samog pojma, odnosno da nije dovoljno ukazao na njegovu pozitivnu stranu. Za nju narcizam kao ljubav prema sebi − taj prvobitni materinski rezervoar koji ne zna za rez između subjekta i objekta, spoljnjeg sveta − i u odnosu na koji proces individualizacije predstavlja napredak, ali i gubitak, rasipanje, jeste izvor kreativne energije kao i mesto patološke regresije u infantilnost. To je razlog što se ona pita da li je za Frojda ikada postojao taj totalitet − celovit čovek − ili je čovek oduvek bio ono ranjivo biće koje pati zbog nedostatka. Da li je majka za Frojda bila bilo šta drugo do nostalgično ulaganje?

No vratimo se još jednom Frojdovoj „narcističkoj ženi". Nema sumnje da muškarci (u slučaju Frojda i u slučaju Ničea) fantazmiraju taj tip žene kao samu „suštinu" žene, kao večno žensko, jer to najbolje odgovara njihovim željama: narcistička žena predstavlja oličenje njihovog vlastitog narcizma koji su izgubili: fascinacija večno ženskim nije ništa drugo do fascinacija svojim vlastitim dvojnikom: to je ono osećanje koje imamo pred naglim pojavljivanjem nečega što smo smatrali prevaziđenim ili zauvek izgubljenim.

U originalnoj refleksiji Lu Andreas Salome preplići se dve misli: misao Ničea i misao Frojda. Lucidno i minuciozno razmatranje prvobitnog narcizma ostavlja kod nje prostor za ideju o Bogu. Tim delom svojih razmišljanja ona svedoči o razumevanju i dobrom poznavanju Ničeove avanture. Zanimljiv je, dalje, njen pokušaj da se izmire „telesno" i „božansko" tako što se vezuju za određene ideje o materinstvu, detinjstvu ili humanosti.

„Savršeno jasno sam shvatila zašto kontra-transfer koji analitičar ostvaruje sa analiziranim, priroda interesovanja koju za njega vezuje jeste u suštini analogna s odnosom koji pesnik uspostavlja sa svojim tvorevinama. Govorim o onom stepenu objektivnosti, neutralnosti koju umetnik zadržava i kada se predaje bez zadrške, o ponašanju utemeljenom na latentnom, nejasnom osećanju da smo unutar naše ljudske sudbine svi jednaki i da iz tog razloga [...] ono što nastojimo tako strasno da otkrijemo nema odbijajuće crte."

Godine 1893. Lu Andreas Salome je napisala knjigu o Ničeu. U njoj ona analizira Ničeovu misao ali i bitna svojstva njegove ličnosti, jer upravo ona omogućavaju poimanje evolucije njegove filozofije. „Onaj ko bi želeo da prosuđuje značaj Ničeove filozofije, piše ona, na osnovu njegovih teorija, to jest sa stanovišta filozofa stručnjaka, rizikuje da se razočara, da ne uoči prave razloge Ničeove veličine."

Šta dakle, po Lu Andreas Salome, čini Niča velikim? Dinamizam njegovih ideja, snaga s kojom se jedno biće obraća drugom, ono što Niče duguje svom individualnom iskustvu. Po Lu Andreas Salome, zadatak biografa je da mislioca objasni pomoću čoveka. Taj metod sasvim je primeren analizi Niča: on je jedan od retkih pisaca kod kojih delo tesno prianja uz unutrašnju biografiju. I sam Niče u jednom pismu Lu Andreas Salome kaže da filozofske sisteme treba posmatrati zavisno od činova njihovih autora. U jednom drugom pismu takođe kaže: „Shvatio sam, malo-pomalo, šta je, do sada, bila svaka velika filozofija: ispovest autora i neka vrsta nevoljne i neopažene memorije."

Lu Andreas Salome će Ničeovu filozofiju analizirati i tumačiti pre svega kao ispovest. To se, uostalom, poklapa i sa počecima njenih interesovanja za psihoanalizu.

„Kada bi se tokom razgovora zainteresovao za neki siže – a to mu se dešavalo tokom naših razgovora, piše Lu, živa svetlost zapalila bi se u njegovim zenicama, da bi se ubrzo ugasila. Ali kada je bio tužan i utučen, njegova usamljenost manifestovala se kroz lošu volju, gotovo preteću, koja kao da je prodirala iz dubina njegovog bića, tog unutrašnjeg ponora: tu je uvek bio sam, ni sa kim nije mogao da podeli svoju usamljenost, koja ga je pokatkad nagonila da podrhtava od užasa i u koju je njegov genije nepovratno potonuo."

Njegova spoljašnja ljubaznost bila je naličje unutrašnje usamljenosti. Što se više odvajao od sveta, to je jviše ono što je otkrivao od svog bića bio čisti privid. Kad proučavamo svaki od perioda Ničeove misli, smatra Lu, u svakom periodu njegove intelektualne evolucije otkrivamo Ničea, ali uvek s drugom maskom. Izraz njegove maske ključ je za njegov razvoj.

„Sve što je duboko voli masku: svakom dubokom duhu potrebna je maska. Rekao bih još: oko svakog dubokog duha raste i razvija se, bez prestanka, maska", kaže Niče u jednom pismu Lu Andreas Salome.

Pišući knjigu o Ničeu ona nastoji da pronikne u njegovu ličnost, da oseti i podeli njegov bol i usamljenost, da ga ra-zu-me.

„Žene, piše Niče, ne zanima istina. One su skeptične. One znaju da ne postoji istina u svojoj golotinji: one su potpuno 'ravne'. Jer istina, ta metafizička obmana o dubini, o falusu prikrivenom iza velova, ta velika obmana jeste fetišistička iluzija muškaraca." Žena koja nastoji da reši enigmu, da otkrije istinu jeste degenerisana i reaktivna, histerična: ona je saučesnik muškog diskursa.

Nama na kraju ostaje jedno pitanje. Kakva je zapravo bila Lu Andreas Salome, žena koja je „opčinila" Frojda i Ničea, koja je pisala i o jednom i o drugom, ravnopravno učestvovala u intelektualnim aktivnostima svog doba, koja je, tako „strasno" voleći život, pokušala da razume, pojmi, oseti Drugog?

MESTO LJUBAVI

Riječi imaju snagu života, u ljubavi. Rije-
či imaju snagu smrti, u mržnji. Pisati da
bi se nastojalo donijeti moć života zbilji u
jednom društvu gdje mržnja i smrt domi-
niraju.

Šantal Šavaf

SREĆA U JEZIKU

U knjizi *Nova Kritika i moderna umetnost,* u tekstu „Remboova rešetka", Pjer Deks piše: „Uzmimo Remboa i Misea. Ako Remboa čitamo pomoću Miseove poetske rešetke, ostaje nam nekoliko rima, malo muzike, dete s kraja veka koje peva 'Moja ciganka...', ukratko, sve ono što još uvek liči na Misea. Ili Igoa. Nestaje sve ono što je bitno kod Remboa, sva njegova novina. Učinite obrnuto. Remboova rešetka oslobađa čitavog aktuelnog Misea, za nas često izgubljenog u ovojima njegovih diskursa, jednog neočekivanog i neoštećenog Misea, neočekivano nam bliskog svojom pesmom."

Primeniću svoju „ličnu rešetku modernosti" na Vinavera. Po meni, dva momenta čine Vinavera aktuelnim, savremenim: njegovo shvatanje ličnosti, njegov odnos prema pisanju i jeziku.

„Za neke, piše Bart, život je tekstualan [...] to su oni čija praksa, jezik, telo, ustrojstvo imaju izvesnost pravog teksta. [...]" Za Vinavera bismo mogli reći da je upražnjavao „pismo života" i da je u to pismo, da upotrebimo Bahtinov pojam, uneo karnevalsku dimenziju. „U traganju za izrazom potreban je podvig celokupnog bića", piše Vinaver u tekstu o Nastasijeviću. Podvig bića kao strasna i radikalna zaluđenost subjekta, njegovo umnožavajuće, neprestano i neumorno kompromitovanje, „veliki, mistični napor celog bića", stalna dekonstrukcija „misije" intelektualca. Vinaver je gotovo bukvalno živeo sa svime o čemu je pisao, „satrepetno" treperio sa velikom umetnošću, slutio i zanosio se neprestano nečim novim, stalno težeći da izrazi poslednju tajnu sveta.

Da bismo pokušali da razumemo Vinaverovu ličnost, poslužićemo se nekim njegovim tekstovima. Vinaver se stalno suprotstavljao slici onog – ko – se – okušava – u svim – pravcima – pre – nego – nađe – definitivni – put (dakle, uzvišenom mitu o lutanju, inicijaciji): „posle tolikih lutanja, oči su mi se otvorile". Uporno se otimao svakoj definitivnoj slici o sebi. Filozofsku pozadinu ovakvog stava danas lako prepoznajemo. „Ličnost" je danas neautentična, pa je i savremeni diskurs neautentičan. Biće više nije suština. Svedoci smo raslojavanja, rasipanja ličnosti, ona više ne priznaje strukturu smisla: „... ja nisam kontradiktoran, ja sam rasut", piše Bart. U knjizi *Misli* Vinaver kaže: „Možemo da zamislimo da ima u čoveku više razlomljenih duša i da svaka razlomljenost gradi svoj most, i da se svaka posle javlja u novom obliku (u društvu drugih, novih delova) da most nastavi. Svaki deo nastavlja za sebe..."

Vinaver se plašio sistema – svih volšebnika koji bi ga mogli zatvoriti u stroge i definitivne sheme kristalografije. Sled naših ponašanja mora biti uvek otvoren. „U meni ne postoji ništa definitivno", govorio je Kafka Janahu. U *Ženidbi vrapca podunavca* Vinaver je napisao: „Nijedna me katastrofa ne može odvući u ponor, jer se ja nigde nisam ukristalisao." „Treba stalno izbegavati, smatrao je Vinaver, izigravati ili nepouzdanom činiti svaku paradu, ispravni smisao, vladanje sobom, izigravanje 'igrom' i 'glumom' sasvim druge ličnosti" (tekst o Šekspiru). Od stihova koje je pisao, preko kritičkih i teorijskih tekstova, nije dozvoljavao nijednoj konačnoj ideji da likuje. Podsmevao se delu kao težnji ka savršenstvu koja delo zatvara u oblik, u sistem. Nisu retki njegovi stihovi koji predstavljaju pravu kritiku duha savršenstva:

O, ne muziku četvrtine tona...

On nije hteo taj konačni oblik, ali ni onu celinu koju oblik jemči. *Bacih daleko sebe, ko celinu.* Odbacujući zahtev za apsolutnim, Vinaver je izabrao poziciju nekog ko je uvek problematičan, zavađen sa sobom i sa drugima, sa oblikom i sa idejom savršenstva, poziciju nekog ko ne podnosi konačnu sliku o sebi. I to mu nisu opraštali. Društvo uvek želi da spase Sliku, jer savremeno društvo ne živi od verovanja, kao nekad, već od Slike. Vinaver je znao da u odnosu između sveta i sebe treba ukinuti prideve: pridev pripada Slici, dominaciji, Smrti.

Raznovrsnost Vinaverovih tekstova, raznostranost njegovih interesovanja i razgranatost njegove mašte odaju gotovo fizičku želju da se izađe van granica jednog jedinog života.

> „Svemoć i sveznanje su dosadni. Skolastički bog iz srednjeg veka mora da se skromno dosađivao: nije imao gde i nije imao kad pobeći od sebe. Ajnštajnov ili bilo koji moderniji bog, sebe stalno prevazilazi. Hvata se za rep i glavu, doslućuje se, gubi i dobija zadatke, kao običan đak: đaku i samo đaku nije i ne sme biti dosadno" („Čitajući Lefevra").

Savremenici i kritičari prebacivali su Vinaveru njegovu nestalnost, nedoslednost sopstvenim idejama, neverstvo u odnosu na započeto... istraživanje, pesmu, stav... To je prigovor koji se upućuje nekom ko nije održao obećanje. Obećanje opštem očekivanju, teoriji literature, žanra, pesme, života. Jer Vinaver je svojim ponašanjem i svojim stavovima, izlaganim usmeno ili u tekstovima, stalno dovodio u pitanje tu paternalističku logiku identiteta, to obećanje koje u sebi krije metafora. Metafori je suprotstavljao anaforu, neprestano ponavljanje početka. Literatura je sva mogućnost i sva nova otpočinjanja. Figura početka upućuje na i zavisi od figure ne-dovršavanja – završetak, krak koji nije dosegnut, obećanje koje nije ispunjeno, „ćorak", promašen potez (coup manqué, da upotrebimo Lakanov izraz). Vernost je prihvatanje kraja, smrti.

Kroz pravilo šare, kroz zanos poretka
Preboleću značaj kraja i početka.
                                        („Osvestiću ljude")

Smrt se prevazilazi iskustvom novog rađanja. Nove naklonosti, nove namere, novi poduhvati predstavljaju i novo rađanje. Simbolički, reč je o istoj strukturi.

Hteo sam da prevaziđem granicu i njen pojam vremena.

Otuda se Vinaver stalno borio sa jezikom kao prostorom „servilnosti i moći", suprotstavljajući disciplinarnoj strogosti sopstvenu anarhičnost i strasnu igru rečima, odnosno literaturu kao „spasonosnu prevaru, bekstvo, sjajnu varku, kao jedini jezik izvan-moći"...
„Gde inače može pesnik da dejstvuje i ma šta da učini" (Uvod u *Čuvare sveta).*

Zapleti teže ka bunovnom trzaju
Kad otpočinje okvir da se lomi
I nije vlastan ni čovek ni Bog
Već divljih slutnji besomučni ples.

Da zaključimo: poput jednog Žida ili Barta, Vinaver je više voleo nekoherentnost no red (sistem), koji izobličava i mobilizuje nas.
„Pismo nalazimo svuda gde reči imaju ukus (znanje i ukus imaju na latinskom istu etimologiju)", piše Bart u svojoj „Besedi". Vinaverovi tekstovi nisu predstava, spektakl već gozba jezika. Čitalac treba da okuša taj ukus reči i ukus znanja. „Naša literatura traži nijanse, našoj poeziji potrebno je istinske inspiracije, potrebno je muzike i potrebno je svih onih luksuznih začina koji čine jednu literaturu bogatom i raznovrsnom" (u tekstu „Skerlić i Bojić"). Čitalac prisustvuje zadovoljstvu ili uživanju u gozbi jezika. Čitati Vinavera znači prisustvovati „prazniku" znanja. „Reči,

prividno, više nisu zamišljene kao jednostavni instrumenti, one su lansirane kao projekcije, eksplozije, vibracije, strojevi, ukusi: pismo znanje preobraća u praznik" (Bart). Vinaver bi, poput Lakana, mogao da kaže: „Ja ne posedujem koncepciju sveta, ali ja imam stil."

Vinaverovi tekstovi pisani su s radošću, zabavno, nadahnuto, pokatkad vatreno i oduševljeno. Vinaver se zapravo stalno igrao, zabavljao. Iz svakog teksta izbija zadovoljstvo u pisanju i uživanje u igri; igra i humor, iskušavanje različitih mogućnosti pesme, odnosno parodija. Naime, kao da je reč o prekomernoj energiji koja je prirodno morala da se prazni kroz humor: „smeh se rađa u slučaju kad je određena psihička energija […] izgubila svaku korisnost tako da može slobodno da se prazni" (Frojd).

No, Vinaverov poziv na smeh nije samo poziv na učestvovanje u zadovoljstvu već poziv na zadovoljstvo u skandalu. Smeh koji izaziva parodija čini od čitaoca saučesnika. Saučesnika skandala. Naravno, kod Vinavera skandal nije ni tematizovan ni artikulisan, niti eksplicitno denotiran – naslućujemo ga na planu konotacije. Veliki broj Vinaverovih pesama, „ozbiljnih", završava pomakom u nivoima između namere, obećanja s početka i rezultata, smisla i uživanja. Ovaj pomak kod Vinavera nije harmoničan, stepenast, kontinuiran već je poput smeha: konvulzivan i brutalan. Prelazak s jednog na drugi plan teksta doživljavamo kao pokliznuće ili pad. Znamo da se, još od Bodlera, smeh definiše pomoću pada. Kod Vinavera reč je o pokliznuću jezika. Posrtanju nad rečima. On čitaoca zavodi, uvlači na suštinski „klizav" teren, podsmevajući se jeziku koji nije uspevao da se do kraja uobliči, i koji se nije ni mogao uobličiti.

Ovo humorno skliznuće uzdrmava instituciju predubeđenja, verovanja ili ideja, prepoznajemo ga, dakle, kao subverzivan čin, kao skandal.

Vinaver nije uspeo da odoli iskušenju ozbiljnog, smatra najveći broj kritičara. A šta ako je Vinaver pokušavao da izigra „ozbiljno"? Kako? Uvođenjem trivijalnog. Najveći broj njegovih pesama završava sasvim trivijalnom poentom: *svih suština zreli mir, samo tica cvrkut i let, divlji trk, plamen mrk, smisla čekrk*. Pod trivijalnim podrazumevam ono što je periferno u odnosu na svesno središte pažnje. Credo kasnog Vitgenštajna bio je da je budućnost filozofije (kao estetike i etike) da postane „sinopsis" trivijalnog. Bart piše: „Pisac, pod tim ne podrazumevam zagovornika jedne funkcije ili slugu jedne umetnosti već subjekt jedne prakse – mora da poseduje inat nekog ko vreba na raskršću svih ostalih diskursa, u trivijalnom položaju u odnosu na čistotu doktrine!" Nije li se upravo time Vinaver borio protiv uloge Boga *(i raskujmo sve što je Gospod skovo)*, priklanjajući se đavolu – smeh je svojstvo đavola, stalno obećavajući i izigravajući sopstvena obećanja, poput zavodnika koji ne da da ga sopstveni mit zavede, koji neće da poveruje u obećanje smisla – *u klinu od smisla unezveren ždral*. Izneveravajući očekivanja drugih, ali i sopstvenu nameru. Podrivajući tuđe verovanje, ali i sopstveno.

Ja sam naglo prognat iz Postojbine Smisla
I sve je ostalo u teškoj opseni puke vere.

U tekstu o Lazi Kostiću Vinaver piše: „Kod Laze je često posredi: vratolomija, opasnost, izazivanje, začikivanje ili ono što trezveni Vasa Stajić stalno i redovno naziva 'skandal'. Laza je voleo 'skandale' – 'više no i jedan srpski pisac, više no iko'. Pa tako, kod Laze, a da bi ispali što bliže definiciji Stajićevoj, i sama istorija i sam kosmos, vole: skandale, iznenadne zaokrete, pustolovine, opasnosti svake vrste, sablazni u rečima i sablazni bez reči."
Čini mi se da je reč „skandal" značajna i za razumevanje Vinavera. I to u dva smisla. U prvom slučaju, skandal odnosno katastrofa je stvaralački metod kojim se služi priroda. Naime, istorija u svom hodu ne sledi logiku kontradikcija već logiku katastrofe, skandala. Kontradikcija je podređena logici identiteta, strukturi alternativa; skandal

vodi razbijanju te strukture, sistema, sklada, oblika. No, reč je o skandalu u još jednom smislu. Skandal je, preuzeli smo definiciju Šošane Felman, uvek na izvestan način skandal ljubavnog obećanja (intelektualne stvari su poput onih ljubavnih), uvek neodrživog, skandal životinje koja uvek iznova obećava a nije u stanju da to svoje obećanje održi, nemoćne da od obećanja odustane, nemoćne da ga održi, spremne da se uvek poigrava izvan svojih moći, skandal govorećeg tela, skandal zavođenja...

Zavoditi znači stvarati srećan jezik. Sama sreća jeste onaj „višak govora". To je želja koja želi samu sebe i koja želi vlastiti jezik. Zavoditi znači stvarati jezik koji uživa: jezik koji uživa u „višku". O dvostrukom zavođenju je reč: zavođenju jezika i zavođenju čitaoca. Zavođenju čitaoca, jer obećani smisao izostaje. Zavođenju jezika u njegovom slučajnom (neizvesnom) ili bezumnom (besmislenom) kretanju: žubor jezika, matice u njemu, ubrzanja, usporenja, tok, šum, tempo, ubedljivost talasanja, dinamika jezika – sve što dovodi u pitanje teror smisla. Jezik je muzika razgranatih linija, lebdenje, kružni spojevi, grč, ritam, intuicija, aluzija, pokret. Jednom rečju, rasipanje ili „višak govora":

Svud spojevi u rojeve
Svud rojevi u spojeve

Reči su pretamne – pečalne – prekratke,
Al slika čistija – istija – budnija.

Govoreći o Vinaveru kritičari najčešće pominju značaj muzike i matematike, odnosno fizike za njegovu misao. Vinaver se često poziva na modernu fiziku. Uostalom, on zapravo i analizira i oblikuje te „atome" jezičke materije koji opstaju u vremenu i putuju prostorom. Savremena atomistička i relativistička fizika pokazala je da je pojam „jedinstvene materije po sebi" prevaziđen pojam, da materija ne postoji po sebi već kao odnos prema energiji. Svako gubljenje materije predstavlja obnavljanje energije. Materija ne postoji kao apsolutna data već kao nešto relativno unutar interakcije odnosa materija/energija.

Na to nas podseća i Vinaverov odnos prema jeziku, to jest odnos između jezičke materije (krajičci rečenica, reči, veze, atomi govorećeg tela) i energije, odnosno sile iskazivanja. Taj beskrajni prostor između materije i energije, između „stvari" i „događaja" jeste prostor Vinaverovih pesama. Energija se dobija eksplozijom semantičkih atoma. Oslobađamo „energiju" po cenu gubitka ili pucanja značenjske građe. Označavajuća se rađaju iz unutrašnjosti jezika, u samoj njegovoj materijalnosti, iz odnosa između reči, iz dinamike jezičkih činilaca kroz kovitlac reči poput lišća koje je vetar poneo u vidu spirale. Spirala će se zaustaviti uvek na drugom mestu. Taj zig-zag pokret pesme (Z je đavolovo slovo) jeste zapravo vokalni i konsonantski ritam reči, ponavljanje fonema ili foničkih grupa, konstituisanje foničke mreže ponovljenih elemenata, dakle stvaranje ritma kao nove ne-rečeničke semiotičke jedinice.

Drveće bezmerno, granje nevidljivo,
Zašto se pretamnim ti granaš svemirom
Kad cvetaš uporno, kad cvetaš stidljivo
Pradrevnih sazvežđa uzrujnim nemirom.

Kod Vinavera uvek postoji ta sklonost da se reč zavede u neočekivanom pravcu. Odsustvo „opšte ideje", protiv koje se Vinaver borio, samo je naglašeno prisustvo jezika i svest o njegovoj strukturi.

Vinaverove pesme bujaju od „sreće izražavanja", od te materijalne punoće, od zadovoljstva u jeziku. „Lepo je sve što je erotski naddeterminisano." Reči napreduju, trče, sustižu se, igraju se, kotrljaju, bubre požurivane različitim „paljenjima".

Tonalna muzika vezana je za ideju konstrukcije (odnosno kompozicije). Nova muzika, novo slušanje, atonalno je. Doveden je u pitanje razvoj teme, ideje, anegdote to jest memorije. Muzički tekst je bez memorije a figura te uzvišene amnezije jeste tembr. Reči se rasipaju, troše uludo, pucaju, dižu prašinu, tka se ne stih već sintaksičko kretanje. To su mrlje jezika, poput kaligrafije jednog Poloka. Tako se opet dovodi u pitanje svaki komentar, postojanje jedne „opšte ideje" o pesmi, „fantazam o jedinstvu". U tom smislu Vinaverovo pismo jeste pismo trenutka. A eidos trenutka je zvuk (onako kako je Džon Kejdž zamišljao muziku trenutka).

Vinaver je pesnik koji je celog svog života tragao za pesmom, neko ko je iskušavao „jezičke mogućnosti". Bilo je to iskušavanje koje nije sigurno ni u svoju svrhu ni u svoja sredstva, sigurno samo u tu nesigurnost i u svoju apsolutnu strast.

PROBOJ ŽELJE

I svaka priča, svaki mit joj govori: „Nema mesta za tvoju želju u mojim državnim poslovima." Ljubav je kućna radinost.

Elen Siksu, *Izlasci*

Artikulišući svoj kreativni prostor u knjizi pesama *Podela uloga,* Radmila Lazić je tematskim izborom svojih preokupacija i svojim shvatanjem poezije smelo zakoračila u onaj književnokritički kontekst za koji je pismo pre svega prostor traganja za vlastitim identitetom. Pesnička aktivnost je subverzivna aktivnost koja dovodi u pitanje sve što se izdaje za prirodno i večno a proizvod je kulture. Njeno pristupanje pismu podudarno je sa činom ponovnog rađanja, sa smelošću da se, u simboličkom svetu logocentrizma i njemu nasuprot, traga za identitetom odbacujući tragičnu podelu na duh i telo.

Čitava zbirka, počev od naslova *Podela uloga,* prožeta je tonom osporavanja, sumnje, što stvari čini pokretnijim, promenljivijim, dvosmislenijim: *umnožavam se / uvek onoj Drugoj nalik,* što od pisanja stvara polifonu praksu, aktivnost pluralnog tipa. U pesmi „Prozivka", na samom početku zbirke, naznačene su uglavnom sve egzistencijalne situacije, odnosno uloge koje iscrpljuju moguće odnose sa svetom. Opredeljujući se za one koji su odbačeni i koji sve odbacuju, Radmila Lazić se opredelila za govor otpora, gde reči prate puteve traganja za uvidom u vlastitu situaciju i mesto u svetu, a protiv „označiteljske moći" koja individui određuje i mesto i granice prirode. Taj pesnički stav, naznačen na samom početku knjige, provlačiće se celom knjigom – obezbeđujući joj jedinstvo – kao jasno iskazan stav određivanja prema Kulturi i Istoriji, a za Prirodu.

Knjiga je podeljena na pet poglavlja: „Podela uloga", „Slike iz moje sobe", „Umnožavanje", „Dobre vode starih pripovesti", „Lične vesti". U svim poglavljima rad na tekstu očituje se kao dvostruki napor: kao težnja da se piše izvan *dimenzija klasičnog rama,* dakle nasuprot svemu što je naučeno odnosno istorijski i genetski preneseno i nametnuto, i kao težnja da se izbori za vlastitu prirodu ugroženu vladavinom logosa, koja, u ime progresa, ubija svako i najmanje zrno sentimentalizma: *pred svakom sam svojom smrti / zatvarala oči.*

Polazna tačka svakog daljnjeg istraživanja jeste: ishodišna tama (,,Jezik zemlje i neba"). Pesnikinja u skrivene predele svog bića – u poglavlju „Slike iz moje sobe" – pokušava da prodre vraćajući se prirodi. Priroda je mesto kamo je žena pripadala po vladajućem ustrojstvu sveta. Tako će ona konačno prevazići lažnu dihotomiju Priroda nasuprot Kulture/Istorije.

Percepcija prostora u poeziji Radmile Lazić vezana je za telo. Reč je o gotovo taktilnoj percepciji: otuda njena neobična moć; senzacija života jeste u isti mah senzacija dodira. Realni prostor jeste najčešće inventar mesta, proporcija, dekora, stvari koje se mogu dodirnuti. Ova poezija priznaje prednost dodiru a ne pogledu. *Kafka je želeo da bude / drveni stari ormar u Mileninoj sobi / da bi je gledao [...] zašto je / između sveg tog nameštaja / odabrao stari drveni ormar / a ne naslonjaču /a ne pisaći sto / a ne krevet / stvari koje bih ja odabrala.*

Dodir u sebe uključuje želju za bliskošću a ne za vlasništvom. Otuda je dodir najdirektniji, najbogatiji, najpotpuniji oblik komunikacije. Rekli smo već da je prostor kod Radmile Lazić doživljen kao zatvoren prostor – soba u koju se smeštam, *kao slika u svoj ram,* ali istovremeno i kao prostor apsolutne intimnosti – *suština je u nevidljivim krugovima u srcu koje otkucava.*

Poezija je najpre emocionalna spoznaja realnog. Kao takva, ona se suprotstavlja racionalističkim filozofijama koje sve svode na jedinice, koje sve imenuju i klasifikuju. *Pokazatelji nisu brojke [...] / već stanja naše duše,* svakom racionalizmu i logocentrizmu koji ubija čuvstvenost i telesnost, osećajnost. Stoga treba odbaciti sva sredstva koja kultura koristi da „secira" jedinku *(klešta su spremna / i pijuci su spremni / i sečiva – reči),* treba se okrenuti sebi, jeziku koji prebiva u blizini tela *(iz drugog ugla gledaju te sopstvene oči / od danas možeš i na njih računati).*

Podele uloga su samo mistifikacije kojima se služi kultura/istorija da bi potčinila individuu, da bi je zadržala u datim okvirima.

U knjizi *Noćni razgovori,* stavovi Radmile Lazić se znatno radikalizuju. Reč je o oštrijoj, tematski bogatijoj i jezički ubojitijoj knjizi. Ono mesto koje je u prethodnoj knjizi, kao nekoj prelomnoj osi oko koje su se sabirale tematske i motivske mreže, pripadalo Prirodi, sada se dodeljuje Poeziji. Umesto težnje da sebe odredi kao „prirodu", pesnikinja pokušava da se definiše kao objekt – koji – želi – da – postane – subjekt. A da bi postala subjektom, ona mora, s jedne strane, prvo da izbriše tradiciju i da se suprotstavi postojećim kulturnim stereotipima – da zbaci zmijsku košuljicu: tradicijom je žena koja poseduje moć govora zmija, ili, ako hoćete, onaj nestalni element kulture koji je podložan večnoj promeni: zmija menja košuljicu – i, s druge strane, ponovo sebe da odredi kao novo „mesto" (božji stvor) u postojećem kontekstu kulture.

Reč je o onoj varijanti tekstualne prakse u kojoj se činom pisanja individua konstituiše u novi subjekt. Žudnja, erotska praksa u osnovi je takvog izraza. Traganje za novim mestom i preuzimanje odgovornosti – ne samo za sebe već i za svet u celini – temelje se na erotskom prevrednovanju sveta. Otuda se kroz celu knjigu provlači određivanje pesnikinje i prema sebi ali i prema svetu.

Znan pravac
znane stanice
Tačan red vožnje
Ne vesele me.

Tematska usmerenost na iščitavanje sebe iz konteksta kulture, traganje za vlastitim identitetom: u pesmi „Žal za nepoznatim" pitanje Gde si – prerastaju u pokušaj da se pređe ona granica koju je kultura odredila ženi (čak i kada je ova pisac) i da se pređe na drugu stranu:

O što nisam veliki srpski pisac
Ili bar onaj što obećava
Pa da mi žena za čas spremi okruglaste kolačiće...

Knjiga je podeljena na tri poglavlja. Prvo poglavlje, čiji je naslov „Zmijska košuljica", neka je vrsta metafore za poziciju žene u kulturi ali i putokaz za prepoznavanje pesničkog postupka Radmile Lazić: razgolićavanje, skidanje, odbacivanje – pokušaj je svođenja računa sa samom sobom. Na primer, pesma „Da sam..."

Da sam iver ili kap
a ne pseće lizanje rana

može biti paradigma određene vrste poezije koju, smatra se, pišu žene, kao i pesma „Autoportret", uvodna pesma u zbirci: *ko kobilica zarivam njušku u jasle – dušu;* s druge strane, postoji očigledan napor da se načini proboj. U pesmi „Sreća", na primer, ona kaže:

Odstrani je
izbaci iz svog tela
Istrgni
Iščupaj klicu naglo.

To je ono što pesnikinja treba da uradi da bi sebi izborila „novo/drugo mesto". Ali kako se to radi?

Uradi to tako
da ne bude traga

ko da skidaš krvave mrlje
sa ruku.

To je put koji predstoji svakom ko pokušava da se upiše u kulturu i poetski prostor. No najpre treba razbiti stare metafore:

Dosta je bilo / kreketanja i brčkanja / u baricama metafora,

treba doživeti nešto novo, sveže, ljudski autentično iskustvo, ali preko iskustva ubistva istog u sebi – „sad malo leži mrtav" – da bi se oslobodilo ono drugo. To se novo iskustvo za pesnikinju tematizuje oko dva pola – u pesmi „Lilit": ponovno rađanje: morska pena iz koje se rađa Venera, ili iskustvo smrti: kaiš i greda, smrt Marine Cvetajeve.

Očigledno je, međutim, da je za Radmilu Lazić novo upisivanje u kulturu moguće jedino preko pisanja, odnosno poezije. Poezija je stoga – to je drugo poglavlje knjige, čiji je naslov „Kukutin sok" – svlačenje, razgolićavanje, zbacivanje zmijske košuljice. Poezija nije samo kreketanje i brčkanje u baricama metafora – jezik poezije je ubojit jezik: *sad malo leži mrtav.* U poeziji, pesnikinja za svaku reč zalaže sebe: *Za svaku reč zalažući svih 56 kg. / Mesa sa kostima* – pesma „Psalm". Život je pisanje, pisanje je život: Ja je pesnikinjina vokacija. Ovakvo određenje pesničke prakse zahteva i novu definiciju poezije – lirika je kukutin sok i životom se plaća: nisu to više samo skaske i bajke. Pesnički čin se bitno radikalizuje. Pesničkom značenju potrebna su krila a ne nož i makaze. Makaze i nož su simbol muške moći (jedna od mogućih varijanti faličkog simbola), ali i simbol kulture. Pomoću njih se od deteta pravi čovek, ali tako da se prvo ubije individualnost. Parodijsko-ironični ton kojim se boji kontekst u pesmama: „Pesnička značenja" – upotreba reči teoretičarko – ili u pesmi „Tumači" – reč sultanija – radikalizuje se u pesmi „Tema: poezija" uvođenjem Kasandre. Kultura se može i drugačije iščitavati i to čitanje postaje nova tema poezije.

U pesmi „Nova muza" – *Iza reza umesto iza baldahina drhtiš* – sudbina poezije se radikalizuje sve do uvođenja drevne umetnosti ubijanja pesnika. Univerzalna sudbina pesnika se ponavlja, a sudbina poezije ne može se odvojiti od sudbine pesnika.

Poslednje, treće poglavlje knjige nosi naslov „Lovačka priča". Sam naslov mogao bi da bude simbolička slika iz koje se pletu asocijativne mreže gradeći scenu na kojoj se odvija i iscrtava sudbina pesnika i nazire uloga poezije. U pesmi „Novi soj"

dresirani službeni psi
svakog carstva neizbežni elementi
jadan i pujdan soj

okvir su za priču u kojoj se, s jedne strane, javlja zec,

jedini živi stvor
međ mrtvom prirodom

i, s druge strane, vučje pleme, lisica ili tvor.

Tako se prelazak sa prvog poglavlja – svođenje računa sa samom sobom

cipele moje ko kočija
pred vratima stoje
[...]
ko utuljena lampa u kućici kraj druma
kojim niko ne prolazi -

u trećem poglavlju čita kao proboj, kao promena uloge pesničkog subjekta i funkcije pesničkog jezika. Subverzivna, transgresivna uloga poezije se sa ličnog pomera na opšti, društveni, univerzalni plan:

Pevajmo nadeždu i boljitak
Priljubljeni uz zemlju.
("Školski oblačići")

Sudbina poezije je i lična sudbina

Udeo ličnog smanji
Lakše će ti biti kad budeš izdisao.
[...]
Hodaj na sve četiri.
("Četvoronoške")

Radikalizacija uloge pesničkog subjekta i funkcije jezika manifestuje se i na planu izraza. Jezik je zgusnutiji, oštriji, naboj jači.
U pesmama Radmile Lazić dominira gotovo taktilna percepcija. Otuda i zavodljivost njenog izraza. Senzacija života, naime, jeste u isti mah senzacija dodira. Dodir uključuje u sebe želju za bliskošću. Dodir je najbogatiji, najpotpuniji oblik komunikacije.

Da sam zgužvan papir
ili maramica u nečijem džepu
[...]
dodirivali bi me prsti u prebiranju.

Približiti se izvoru tijela iz kojega zrači sve ono što nas nagoni na pisanje. Razgraničiti utisak. Rasvijetliti porijeklo utiska. Rasvijetliti izvor i cilj riječi.
Šantal Šavaf

„Moram komunicirati. S prostorom. S predmetima. S ljudima. Moram pokušati reći ono što osećam, bez zadrške." Mogli bismo reći da je u ovoj rečenici sadržana osnovna namera Slavenke Drakulić. Hologrami straha su autobiografska priča žene suočene sa smrću, žene čiju percepciju stvarnosti i događaja određuje konkretna egzistencijalna situacija: bolest, odnosno moguća smrt.

Konkretan povod oko kojega se gradi naracija jeste operacija: na fonu operacije naracija se ističe kao afirmacija identiteta, pobeda života nad bolešću, nad smrću. Ograničen vremenski segment, „komad života", „autobiografsko jezgro" širi se i usložnjava zahvaljujući mešanju narativnih planova – sećanje na prošle događaje, detinjstvo, sukob s ocem, samoubistvo prijateljice, prizori dijalize, odnosi s majkom – usložnjavaju pripovedanje i obezbeđuju mu onu potrebnu dozu univerzalnosti koja knjigu od autobiografske ispovesti uzdiže do romana. Mada je, na prvi pogled, reč o ličnom iskustvu u savlađivanju bolesti, knjiga Slavenke Drakulić sadrži čitavu mrežu tema koje se sabiraju oko dva narativna pola. To je neka vrsta priče o dvostrukom rađanju: rađanju telesnom – biti konačno zdrav, ponovo zadobiti telo od kojeg je žena bila silovito odvojena, i rađanju u pisanju: pisanje je način traganja za vlastitim identitetom.

Možemo slobodno reći da je konkretna situacija bolesti u isti mah metafora za sve ono što ugrožava ličnost, s čim je ona u neprestanoj borbi i što joj ne dozvoljava da oseća telo, da svoju telesnost živi i u njoj uživa. Bolest je zapravo, metafora za sve one opresije kojima je društvo izložilo telo ostvarujući kartezijansku podelu na duh i telo, potiskujući, prigušujući sve što je telesno, čulno, doživljaj. Savladati bolest znači, u slučaju Slavenke Drakulić, izboriti se za svoj integritet, za vlastitu telesnost, vratiti se telu, uspostaviti to izgubljeno jedinstvo, živeti tu „oduzetu" punoću.

„Rasla sam s tim tihim prezirom, udaljena od svojih bokova, i stopala, od najlon čarapa i grudnjaka, parfema, svile i crvenih usana... Izdala sam tijelo."

Žena mora da nauči da se vrati sopstvenom telu, da od njega načini vlastitu motivaciju, da uspostavi sopstvenu telesnost koju su joj tako nasilno oduzeli: da se okrene principu užitka.

„Sada više nema zabrane, ali već je prekasno. Odricanje i potiskivanje tvore čvrsti mehanizam koji melje božićne jelke, lak za nokte, nakit, večernje izlaske, sol, šećer, čežnju za ljubavlju, čežnju za vodom, užitak.”

Osetiti toplinu kože, navići se na doživljaj tela, uspostaviti dodir kao osnovnu komunikaciju sa svetom predstavlja mukotrpnu borbu za „zdravlje” ugroženo do dimenzija bolesti. Otuda je kod Slavenke Drakulić bolest uslov i veza celokupnog pisanja, matrica iz koje se rađa telo, tekst. Predstavljanje tih momenata ne-bića, momenata kada se prividno ništa ne događa, predstavljanje „slabih vremena” bogati se značenjima vezanim za prizore odevanja i hranjenja, i njihovu simboličku znakovnost, za suptilne odnose među ženama, za „uspostavljanje intime”; [...] „kako se dobro navikavam na telo”.

Osvajanje telesnosti neodvojivo je od odnosa sa majkom, koji se doživljava bolno. U knjizi je ispisano razočaranje, nemogućnost komunikacije, s puno nijansi i delikatnosti.

„... ali juha nije jelo nego sredstvo pomoću kojeg komuniciramo”.

Odnos majke prema kćerki jeste odnos hranjenja. Kćerka se hrani da bi ostala nema, da bi ostala zaleđena u ogledalnoj, odražavajućoj slici majke. Uloga majke podrazumeva negiranje svake telesnosti pa se i odnos majka/kćerka lišava svakog čulnog, telesnog dodira i svodi se na jedinu moguću komunikaciju: jelo.

„Ne pristajem više na nemuštu tjelesnost: jedi, jedi.”

Nepristajanje na ovu vrstu komunikacije početak je traganja za vlastitim identitetom, početak izlaženja iz sebe – „kada se sretnemo, dugo i mučno ćutimo" – početak pokušaja žene da ne ostane svedena na ćutanje, da osvoji svoj glas, da se izbori za celovitost doživljaja sveta.

> „Celovit osećaj života: tako sam pozlaćeno, okruglo živa."

Potreba za pisanjem javlja se kao prirodno ishodište potrebe da se sagleda vlastiti lik.

> „Pisati. Ako iz mene budu izlazile riječi, ako moj rukopis postane dovoljno čitak, hoće li mi to pomoći? Hoću li onda biti stvarnija?"

Pisati znači zapravo slomiti to ogledalo, koje ženu zatvara u izvesnu sliku prividnosti (izgleda) i koje joj ne omogućava da vidi svoj vlastiti lik već joj se stalno pokazuje lice drugog.

> „Ne želim više biti vlastita publika, kino-gledalac koji na ekranu gleda vlastiti život kao život drugog ..."

Žena ne postoji kao celina već kao niz rascepkanih delova: „Delim se, vidljivo se delim." [...] „Obeshrabruje me fragmentacija: oči, ruke, usta, nos, uši, koža."
Početna namera da se priča vlastiti život suočava se u tematskom pogledu sa teškoćom da se iscrta sopstveni lik, odnosno da se odgovori na pitanje; ko sam.

> „Kad se gledam u ogledalu dopadaju mi se samo neki dijelovi... Imam teškoća kad pomislim: Ja. Ne vidim cjelinu."

Ogledalo je nešto što je za ženu zabranjeno ali istovremeno i priželjkivano jer, ukoliko se ogleda u ogledalu, ona postaje svesna svog totaliteta i prestaje da bude rasparčano telo. Pisanje postaje način da se omogući pojavljivanje vlastitog lica na ogledalu smrti, na ivici one egzistencijalne situacije do koje društvo dovodi ženu. Tekst je mesto gde se ispisuje ženska razlika, to jest prostor u kojem žena može jasno da označi šta je razlikuje: „[...] opet dvije polovice – jedna vodena i jedna suha – i ne mogu između njih uspostaviti most u glavi...", ono pomoću čega se prepoznaje – „to je deo sistema, zanemariti užitak".

> „Moje lice, moje lice, tako čeznem za njim! Neću izdržati to neprestano traganje za nečijom prisutnošću na njemu, sredstva za obranu su reducirana."

„Ja" žene je do te mere negirano, uništavano da je njegovo uspostavljanje moguće samo zahvaljujući prostoru koji izmiče kontroli: prostoru kakav je privatnost „vlastite sobe". Žena tek tamo sebe pronalazi i tamo pripada. Prijateljica Jelena u knjizi kaže: „Iscrpljena sam, kaže, i sjeda za stol: od dvostrukosti." Tek u ograničenom i zatvorenom prostoru sobe žena može da postavi sebi pitanje identiteta: neodvojivi elementi tog traganja su ogledalo i samoubistvo. Nije slučajno da Slavenka Drakulić govori o samoubistvu prijateljice, o sopstvenom pokušaju samoubistva. Ženi ostaju dve mogućnosti: ili da slomi ogledalo, oslobađajući kroz pisanje vlastiti, zarobljeni lik, ili da kroz samoubistvo kao simbolički čin ne dozvoli probijanje vlastitog lika iz ogledala. Prijateljica koja je zdrava i normalna sa stanovišta društvene simbolike, neće izdržati zdravlje i, budući nesvesna bolesti, podleže joj, dok „bolesna osoba", u otvorenoj borbi sa bolešću, bolest imenuje, artikuliše je, ubija je čineći je javnom: ogoljava je, svlači i uspeva da postane celovito biće, „pozlaćeno, okruglo" (ne više razdeljeno) živo biće. Ona uspeva da razbije tu, za ženu, jedinu moguću situaciju „zdravlja", gde „ja čučim unutra, skrivena, poništena, ne znam kako da se branim". Opredeljujući se za princip užitka, princip žudnje („pokorava me princip žudnje") odnosi pobedu nad vlastitom situacijom.

Motiv žeđi, koji se u knjizi često javlja, ukazuje na želju za pisanjem, strasnu i nestrpljivu želju, na neophodnost da se kaže. „Moram komunicirati..." Činjenica da se govori preobraća se u rastapanje i postaje želja za dodirom, opipavanjem, želja koja pismu obezbeđuje telo. Fluidno pismo žene, njenog tela, nestalno, promenljivo, koje ide od jedne do druge tačke, vraća se potapajući stranice fluidnim rečima.

Polje svesti jeste polje čulnog sveta. Naš identitet nas pokriva kao koža. Bogatstvo stila, neobična privlačnost i zavodljivost pripovedanja Slavenke Drakulić vezuju se, pre svega, za gorući intenzitet njene memorije. Čitalac je neizbežni saučesnik njenih preživljavanja, uvučen jezičkom igrom u samo tkanje osećanja. Mogli bismo reći da se emotivnost rimuje sa afektivnošću.

Pisati da bi se izašlo iz književnosti. Reči imaju snagu života, u ljubavi!

* * *

Kako bih bio sretan da na sebe mogu da primenim ove Brehtove reči: „Mislio je u drugima, u njegovoj glavi mislili su drugi. To je prava misao."

Bart

Kako govoriti Drugo? Istražujući jedan vid pisanja pokušala sam ne samo da ga protumačim već i da ga predstavim samim načinom pisanja, tekstovima koji bi pratili neku vrstu spiralnog kretanja. Ničeovsko vraćanje smisla. Smisao se vraća ali uvek na drugom mestu, vraća se kao razlika. Zato se u knjizi iznova postavlja isti problem, ali na širi način: poput ovojaka spirale koji se stalno šire opisujući uvek istu putanju: uvek iznova veću, i na drugom mestu. Otuda ima ponavljanja. Reči se dovikuju, uspostavljaju dijalog, sele iz jednog konteksta u drugi.

Što se tiče metoda, on se direktno izvodi iz artikulacije čitanje/pisanje:

„Citiranje spaja akt čitanja i akt pisanja." Citiranje ponavlja: ono omogućava čitanju da odzvoni u pisanju. Čitanje postaje novo pisanje kao stalno vraćanje i kao pravi pristup Drugom. Svaki tekst zahteva ponovno čitanje. Ali re-lire znači i relier. Čitanje povezuje pisanje i novo čitanje. Na tom teorijskom planu interveniše pojam inter-tekstualnosti. Fragmenti teksta, nezavisni komadići, grupišu se, prožimaju međusobno i grade to „kružno – sećanje" koje pominje Bart.

„Inter-tekst je zapravo ta nemogućnost da se živi izvan beskrajnog teksta."

Moje tekstualno telo sačinjeno je iz govora Drugog. Ponekad Drugo direktno govori, upisuje se u moj tekst, „gostuje". Reč je o određenom višeglasju ili „rizomskoj strukturi". Svet, pa i svet literature ne posmatra se sa jedinstvene tačke gledišta već u isti mah sa više stanovišta, koja se međusobno mogu isključivati ili sporiti.

No, bez obzira na različite autore, uvek je reč o istom pitanju:

Šta je pisanje?

LITERATURA

TRAGANJE ZA IDENTITETOM...

1. Emile Benveniste. *Problémes de linguistique générale*. Paris, Gallimard, 1966.
2. J. Lacan. *Ecrits*. Paris, Ed. du Seuil, 1966.
3. Wittgenstein. *Philosophical Investigations*. Blackwell, 1953.
4. Vidi: A. Rey. „La conscience du poète: les langages de P. Valéry". Littérature, 4. déc. 1971.
5. Philippe Sollers. *Paradis*. Paris, Ed. du Seuil, 1981.
6. Jean Ricardou. *Pour une théorie du nouveau roman*. Paris, Seuil, 1971.
7. Roland Barthes. „Introduction à l'analyse structurale des récits", *Communications* 8, nov. 1966.
8. Pol de Man. *Problemi moderne kritike*. Beograd, Nolit, 1975.
9. Philippe Sollers. „Détruire, dit-elle". In *Revue Ça/Cinéma*, no.1.
10. Mišel Fuko. „Šta je autor". *Mehanizmi književne komunikacije*. Institut za književnost i umetnost, Beograd, 1982.
11. Roland Barthes. „La mort de l'auteur". *Mantéia*, V, 1968.
12. Maurice Blanchot. *L'éspace littéraire*. Paris, Gallimard, 1955.
13. J. Derrida. L'ecriture et la difference. Paris, Ed. du Seuil, 1967.
14. Tzvetan Todorov. „Reflections on Literature in Contemporary France". *New Literary History* 10:3 (Spring 1979).
15. Françoise Collin. *Maurice Blanchot et la question de l'écriture*. Paris, Gallimard, 1971.

16. Roland Barthes. Critique et verite. Paris, Ed. du Seuil, 1966.
17. Julia Kristeva. Polylogue. Paris, Ed. du Seuil, 1977.
18. Jean Raymond. La Litterature et le Reel. Paris, Albin Michel, 1965.
19. Jean Starobinski. „Considerations sur l'etat present de la critique litteraire", Diogene, 74, 1971.
20. Shoshana Felman. La scandale du corps parlant. Paris, Ed. du   Seuil,   1980.
   Po Šošani Felman, pismo je večiti donžuanizam. Diskurs literature jeste donžuanovski diskurs obećanja (smisla) i to neispunjenih obećanja braka (odnosno smisla). Literatura, kao ni Don Žuan, ne veruje u sopstveno obećanje. Neverovanje zavodnika jeste pre svega neverovanje u sposobnost jezika da imenuje tranzitivnu istinu.
21. Roland Barthes par Roland Barthes. Paris, Ed. du Seuil („Ecrivains de toujours"), 1975.
22. Jean Baudrillard. De la seduction. Paris, Galilee, 1979.
23. Helene Cixous. La venue a l'ecriture. Feminin futur, Christian Bourgois, Paris, 1976.

ZAVOĐENJE KAO JEDINI NAČIN OVLADAVANJA SIMBOLIČKIM

1. Julia Kristeva. *Histoires d'amour*. Paris, Ed. Denoel, 1983.
2. Roland Barthes. *Fragmcnts d'un discours amoureux*. Paris, Ed. du Seuil, 1972.
3. *Pisma portugalske kaluđerice*. Kruševac, Bagdala, 1981.
4. Denis de Rougemont. *Les Mythes de l'amour*. Paris, 1978.
5. Tzvetan Todorov. *Littérature et signification*. Paris, Larousse, 1967.
6. Marguerite Duras, Xavière Gauthier. *Les Parleuses*. Paris, Ed. de Minuit, 1974.
7. Rada Iveković, Bogdan Bogdanović. *Eeji*. Beograd, Prosveta, 1986.

TELO ILI POLITIKA POGLEDA

1. J. Michelet. La Sorcière. Paris, Flammarion, 1966.
2. *Veštica i vila u našem narodnom verovanju i predanju.* Srpska akademija nauka, Beograd, 1953.
3. C. G. Jung. *Métamorphoses et symboles de la libido.* Paris, Monteigne, 1932.
4. G. Bachelard. *L'eau et les rôves,* Paris, Corti, 1942.
5. J. Baudrillard. *De la séduction.* Paris, Ed. Galilée, 1979.
6. Simon de Beauvoir. *Mémoires d'une jeune fille rangée.* Paris, Ed. Folio, 1950.
7. S. Freud. *The Uncanny.* New York, Cahiers Books, 1941.
8. Voltaire. Art. Femme. *Dictionnaire philosophigue.* In Oeuvres complètes, t. VII, éd. Furne, Paris, 1835.
9. Diderot. vidi: M. Duchet: „Sur les Femmes de Diderot", *Revue des Sciences Humaines,* t. XLIV, n° 168, 1977.
10. J. J. Rousseau, vidi: E. de Fontenay. „Pour Emile et Par Emile, Sophie ou l'invention du ménage". *Les Temps Modernes,* n° 358, mai 1976.
11. J. Michelet. *L'Amour,* Paris, Calmenn-Lévy.
12. J. Michelet. *Journal,* t. II. Paris, Gallimard, 1962.

U LJUBAVI JA JE DRUGI

1. Jean Baudrillard. *De la seduction.* Paris, Galilée, 1979.
2. Shoshana Felman. *Le scandale du corps parlant.* Paris, Seuil, 1980.
3. Roland Barthes. *Sollers écrivain.* Paris, Seuil, 1979.
4. Roland Barthes. Paris, coll. Ecrivains de toujours. Paris, 1975.
5. Roland Barthes. *Lecon.* Paris, Seuil, 1978.
6. Roland Barthes. *Incidenti.* Paris, Seuil, 1987.

PISATI – POSTAJATI DRUGIM

1. Sarah Kofman. *L'énigme de la femme. La Femme dans les textes deFreud.* Paris, Galilée, 1980.
2. S. Freud. *Sur la sexualité féminine.* Paris, 1931.
3. Sarah Kofman. *Le respect de la femme.* Paris, Galilée, 1982.
4. Luce Irigaray. *Speculum de l'autre femme.* Paris, Minuit, 1974.
5. Luce Irigaray. *Ce sexe qui n'en est pas un.* Paris, Minuit, 1977.
6. Luce Irigaray. *Amante marine.* Paris, Minuit, 1980.
7. Hélène Cixous. *La jeune née.* Paris, „10/18", 1975.
8. Jane Gallop. „Snatches of Conversation". In Women and Language in *Literature and Society.* New York, Praeger, 1980.
9. Luce Irigaray. *Et l'une ne bouge pas sans l'autre,* Paris, Minuit, 1979.
10. Julia Kristova. *Des Chinoises.* Paris, ed. des Femmes, 1974.
11. Julia Kristeva. *Polylogue.* Paris, Seuil, 1977.
12. Julia Kristeva. *La révolution du langage poétique.* Paris, Seuil, 1974.
13. Julia Kristeva. *Recherches pour une sémanalyse.* Paris, Seuil, 1969.

NEVERNOST – ŽENSKA PRAKSA PODRIVANJA IMENA OCA

1. Hélène Cixous. *Portrait de Dora.* Paris, Des femmes, 1976.
2. Jane Gallop. „The Ghost of Lacan". *Diacritics 5:4,* 1975.
3. Hélène Cixous. *Prénoms de personne,* collection „Poétique". Paris, Seuil, 1974.
4. Hélène Cixous. *La jeune née.* Paris, „10/18", 1975.
5. Hélène Cixous. *Portrait du soleil.* Paris, Denoel, 1973.
6. Hélène Cixous. *Neutre.* Paris, Grasset, 1972.
7. Hélène Cixous. *La venue à l'écriture.* Paris, Christian Bourgois, 1976.
8. Hélène Cixous. „Le Rire de la Méduse". L'Arc, 1975.

1. Hal Foster. The *Anti-Aesthetic: Essays on Postmodern Culture*. Washington Bay, 1983.
2. J. Derrida. *La Dissémination*. Paris, Ed. du Seuil, 1972.
3. Françoise van Rossum Guyon. *Sur l'écriture feminine*. 1979.
4. Claude Lévi-Strauss. *Anthropologie structurale*. Paris, Plon, 1958.
5. J. Lacan. *Ecrits*. Paris, Ed. du Seuil, 1966.
6. Roland Barthes. *Critique et verité*. Paris, Ed. du Seuil, 1966.
7. Julia Kristeva. „Hérétique de l'amour". *Tel quel* 74, 1977.
8. Luce Irigaray. *Ce sexe qui n'en est pas un*. Paris, Ed. de Minuit, 1977.
9. Françoise van Rossum Guyon. „Sur l'écriture feminine". *Revne des scienccs humaines*, 1979.
10. Vidi: J. Kristeva. „Hérétique de l'amour", i Luce Irigaray. *Speculum de l'autre femme*.
11. Roland Barthes. „De l'oeuvre à texte". In *Textual Strategies*. Ed. Josué Harari, Ithaca: Cornell University Press, 1979.
12. Hélène Cixous. *La jeune née*. Paris, „10/18", 1975.
13. Hélène Cixous. „Le Rire de la Méduse", dans: *L'Arc*, n° 61, Aix en Provence, 1975.
14. Julia Kristeva. „Le temps des femmes" 33/44. *Cahiers de recherche de sciences des textes et documents,* n° 5, 1979. Vidi: Ingrid Šafranek. „Ženska književnost i 'žensko pismo'". *Republika,* 11/12, 1983.
15. Anne-Marie Dardigna. *Les châteaux d'éros*. Paris, Maspero, 1981.
16. Hélène Cixous. „Le sexe ou la tête". *Cahiers du GRIF* 13, 1976.
17. Marguerite Duras et Xavière Gautier. *Les parleuses*. Paris, Ed. de Minuit, 1974.
18. Jacques Derrida and Christie V. McDonald. „Choreographies". *Diacritics* 12, 1982.

19. Maurice Blanchot. *La folie du jour.* Paris, Fata Morgana, 1973.
20. G. Deleuze. *Nietzsche et la philosophie.* Paris: PUF, 1962.
21. Beatris Slama. „Od 'ženske književnosti' do pisanja u 'ženskom rodu'". *Republika,* 11/12, 1983.
22. C. Herrmenn. *Les voleuses de langage.* Paris, Ed. des femmes, 1976.
23. Rada Iveković. „Primenjena filozofija i prizivanje drugoga". *Filozofska istraživanja,* 16, 1986.
24. J. Barth. „The Literature of Replensishment". *Atlantic Monthly,* jan. 1980.
25. J. Kristeva. „The Subject in Signifying Practice". *Semiotext/e/,* 1:3, 1975.
26. Michel Leiris. *L'âge d'homme.* Paris, Gallimard/Folio, 1939.
27. Michel Serres. „Interview". *Marie-Claire,* may, 1981.
28. J. Derrida. *Glas.* Paris, Galilée, 1974.
29. Lyotard. *Le Différend.* Paris, Minuit, 1985.
30. Deleuse et Guattari. *Mille plateaux.* Paris, Minuit, 1980.

SADRŽAJ

NADA POPOVIĆ PERIŠIĆ
LITERATURA KAO ZAVOĐENJE

Urednik
Mirjana Milosavljević

Likovni urednik
Ratomir Dimitrijević

Grafički urednik
Mioljub Popović

Na koricama
Elizabeta Gut, *Knjiga u kavezu*, 1981.

Korektura i kompjuterska priprema
Zorica Ignjatović

Izdavač
Izdavačko preduzeće PROSVETA A.D.
Beograd, Čika Ljubina 1
Za izdavača
Dragan Vujadinović, VD direktora

Štampa
MIDIM PRINT
Beograd

Štampano u 1000 primeraka
2004.

ISBN 86-07-01572-9

Plasman:
Tel. 011/184-386; 181-645
E-mail: prosveta@EUnet.yu
Web site: www.prosveta.co.yu

CIP - Каталогизација у публикацији
Народна библиотека Србије, Београд

82.09:141.72
316.72-055.2

ПОПОВИЋ-Перишић, Нада
    Literatura kao zavođenje / Nada Popović-Perišić. -
2. izd. - Beograd : Prosveta, 2004 (Beograd : Midim
print). 230 str. ; 21 cm. - (Biblioteka Femina)

Tiraž 1.000. - Bibliografija: str. 225-230.

ISBN 86-07-01572-9

a) Књижевно дело - Анализа b) Књижевност -
Феминизам c) Књижевна критика, феминистичка

COBISS.SR-ID 117195532

www.ingramcontent.com/pod-product-compliance
Lightning Source LLC
Chambersburg PA
CBHW071421090426
42737CB00011B/1527